KB188320

사물인터넷이 바꾸는 세상

이 도서의 국립중앙도서관 출판예정도서목록(CIP)은 서지정보유통지원시스템 홈페이지 (http://seoji.nl.go.kr)와 국가자료공동목록시스템(http://www.nl.go.kr/kolisnet)에서 이 용하실 수 있습니다. CIP제어번호: CIP2016032572(양장), CIP2017000338(반양장)

사물인터넷이 바꾸는 세상

The Internet of Things

새뮤얼 그린가드Samuel Greengard 지음
최은창 옮김

THE INTERNET OF THINGS(Essential Knowledge Series) by Samuel Greengard
Copyright © 2015 by Massachusetts Institute of Technology

옮긴이의 말

지난 10년 사이 페이스북 등 SNS 열풍이 불었고 모바일 인터넷이 폭발적으로 성장했다. 이제는 4차 산업혁명의 시대에 진입해 인공지능, 자율주행차, 블록체인의 시대가 열리고 있다. 사물인터넷은 미래의 정보통신 인프라로서 우리의 생활 속에 다가오고 있다. ICBM(IoT, Cloud, Big data, Mobile)은 서로 구분되어 있는 듯하지만 데이터는 이 순간에도 빠르게 경계를 넘나들고 있다.

사물과 사물, 인간과 사물, 사이버와 물리적 세계의 연결이 가능한 세계에서는 데이터의 흐름이 지금과는 크게 달라질 것이다. 2020년에는 500억 대의 디바이스가 인터넷과 연결될 것이다. 그동안 감지하지 못하던 동작과 상태는 데이터화되어 정확히 감지되고, 미처 통제되지 못하던 부분들이 효과적으로 통제될 것이다. 사물인터넷은 새로운 서비스들을 등장시키면서 산업 전체에 강한 충격을 줄 것이다. 그 여파로 종래의 비즈니스 모델들은 붕괴되고 기업 조직도 변화할 것이다.

이 책은 짧은 분량이지만 사물인터넷이 가져오는 패러다임의 변화와 가까운 미래의 모습을 잘 그려내고 있다. 초연결사회의 모습을 커넥티드 디바이스, 헬스케어, 교통, 스마트홈,

에너지 분야에 걸쳐서 조망하고 싶은 분들께 일독을 권한다.

한편, 무시할 수 없는 그늘도 있다. 사물인터넷을 통해서 모든 것이 더 긴밀하게 연결될수록 데이터 유출이나 원하지 않는 감시 등의 위험도 커지게 된다. 촘촘한 연결성은 더 많은 데이터의 수집과 소통을 가능하게 해주지만 데이터가 오용될 가능성을 높이기도 한다. 빈트 서프Vint Cerf는 호환성, 보안, 프라이버시가 사물인터넷의 장애물이 될 수 있다고 우려했다. 브루스 슈나이어Bruce Schnier의 말처럼 사물인터넷은 보안에는 악몽이 될 수도 있다. IT 컨설팅 회사 가트너Gartner는 사이버 공격의 25% 정도가 사물인터넷과 연관될 것으로 보고 있다. 사물인터넷 세상에서는 편리한 서비스와 데이터 보안 사이의 긴장이 지속될 듯하다. 이러한 배경에서 사물인터넷 거버넌스IoT Governance가 논의되고 있다. 인간·사물·서비스의 연결성이 비즈니스, 법제도, ICT 서비스, 사회적 관계에 어떤 과제들을 던져줄지 궁금해진다.

2017년 1월

최은창

차례

들어가며

테크놀로지가 우리가 살아가는 세계에 미치는 영향력을 무심코 지나치기 쉽다. 바퀴는 물건과 사람들의 운송을 가능하게 했고, 농업 분야부터 정치 거버넌스에 이르기까지 모든 것을 바꾸었다. 전구는 가정과 사업장을 밝혔으며, 궁극적으로는 건축가가 건물을 디자인하고, 도시 전체를 설계하는 방식도 변화시켰다. 자동차는 개인이 자유롭게 한 장소에서 다른 장소로 이동하는 여행을 가능하게 했고, 우리의 삶과 일하는 방식도 재정의했다. 컴퓨터는 디지털 세계에서 데이터를 수집하고 공유하는 새롭고 놀라운 방식을 가능하게 했으며, 사람들의 행동과 상호작용에 막대한 변화를 가져왔다.

이 발명품들뿐 아니라 냉장고, 재봉틀, 전화, 타자기, 카메라도 사회의 주류에 수용되었고 커다란 사회적·정치적 변화를 야기했다. 기술들은 일상적으로 이용되기에 대부분 당연시된다. 그렇지만 기술 발명은 사람들이 셀 수 없이 많은 작업을 처리하는 방식을 바꾸었고, 우리가 소통하고, 상호작용하고, 하루 일과를 해나가는 방식을 재정의했다.

1957년 아이오와 주립대학의 조 보헬른Joe M. Bohlen, 조지 빌George M. Beal, 에버렛 로저스Everett M. Rogers는 현재 널리 사용되고 있는 '기술 수용 곡선technology adoption curve'을 소개했다. 이들은 기술이 사회에 수용되는 양상은 그래프에서 '종형 곡선bell curve'으로 나타나므로 이에 따라 새로운 제품이나 해결책이 등장하는 시점을 예측할 수 있다고 주장했다. 기술 수용 곡선은 혁신적 기술을 수용하는 데 소요되는 시간에 따라 소비자를 분류한다. 혁신적 기술을 조기에 수용하는 사람들은 혁신가innovator, 그 다음 단계 사람들은 얼리 어답터early adopter이다. 대중은 지각 수용자laggard로서 뒤늦게 기술을 수용한다. 종형 곡선 모델은 여전히 유효하지만 지난 20여 년 동안 기술 수명 주기는 어마어마한 속도로 짧아졌다. 수년에서 수십여 년이었던 기술 수명 주기가 수개월로 압축되는 사례도 등장하고 있다.

그 충격파의 진원지는 이제 막 시작된 사물인터넷Internet of Things, IoT이다. 사물인터넷 시장은 혁신가와 얼리 어답터 사이의 수용 단계에 머물고 있는데 이는 언젠가 기술 수명 주기와 비즈니스를 설명하는 유용한 틀이 될 것이다. 커넥티드 디바이스connected devices는 최초로 컴퓨터 네트워크와 소비자 가전이 도입된 이후 다양한 형태로 존재해왔다. 그러나 다양한 형태의 디바이스는 지구를 '연결된 행성'으로 만드는 인터넷이 등장하면서 비로소 구체화되기 시작했다. 1990년대를 전후해 연구자들은 인간과 기계가 연결되어 완전히 새로운 방식으로 소통하고, 기계와 상호작용하는 방법에 대해 이론화했다. 그 결과가 바로 사물인터넷이다.

물론 어떤 특정한 사건이 '커넥티드 디바이스'의 등장이라는 혁명을 촉발시켰나를 특정하기는 불가능하지만, 2007년에 나온 애플의 아이폰iPhone이 혁명을 확고하게 만든 것은 분명하다. 아이폰 이후 대중은 손에 스마트폰을 들고 다니게 되었다. 스마트폰이라는 강력한 디바이스가 손안에 쥐어지면서 실시간 점 대 점point-to-point 커뮤니케이션이 중요해졌다. 2008년 1월까지 애플은 370만 대 정도의 아이폰을 팔았지만, 2014년 아이폰 누적 판매량은 5억 대를 넘어섰다. 오늘날 전 세계 인구 가운데 스마트폰을 이용하는 사람들은 거의 19억 명에 달한다. 스웨덴의 통신회사 에릭슨Ericsson은 2019년이 되면 스마트폰 이용자가 56억 명을 넘을 것으로 전망하고 있다.

각각의 스마트폰에는 데이터, 음성, 비디오, 오디오, 동작, 장소 등을 저장하는 칩들이 내장되어 있다. 이용자들은 스마트폰을 다른 기계들과 연결할 수 있다. 스마트폰을 원격 조정 장치로 사용하거나, 개인정보 및 정보 피드information feeds를 보여주는 계기판dashboard으로 사용할 수도 있다. 스마트폰으로 재해 경고나 이벤트에 대한 알림을 받을 수 있고, 비행기 탑승권이나 전자 티켓을 발급받거나, 요금을 지불할 수도 있다. 또한 스마트폰으로 소셜 미디어 데이터를 활용할 수 있으며, 스마트폰 크라우드소싱crowdsourcing을 통해 물리적 세계에서 발생하는 사건들에 대한 데이터를 수집, 관리, 분석할 수도 있다.

이와 동시에 전파 식별RFID 기술이 고도화되면서 센서 기술도 빠르게 발전했다. 센서 크기는 최소화되었고 컴퓨터 소프트웨어의 수준도 크게 진보했다. 유비쿼터스 무선 네트워크 및 클라우드 컴퓨터가 활용되고 기술이 통합되면서 로봇 곤충, 로봇 동물, 그리고 인체 내부에서 작동하는 나노봇nanobot, 마이크로봇microbot이 등장하게 되었다. 드론 함대는 공중을 돌아다니면서 임무를 수행할 수 있다. 이제 정말 우리는 어디에든 기술 장치들이 내재된 멋진 신세계로 진입하고 있다. 그 신세계는 과학적 사실이 아니라 공상 과학 소설로 느껴질 수도 있을 것이다.

그렇지만 그 신세계는 이제 현실이 되었다. 사물인터넷은 사람, 기계, 물리적 객체 사이에 존재하는 비가시적 세계를 파악하는 확대경과 현미경을 제공한다. 사물들에 태그를 달고 인터넷에 연결하면 사물들을 추적하고 새로운 데이터를 모을 수 있을 뿐만 아니라 여러 종류의 데이터들을 결합해 정보와 지식을 생산할 수도 있다. 사물인터넷은 불과 몇 년 전까지 데이터 과학자들이 개척하기는커녕 상상조차 하지 못한 일들을 대담하게 해내고 있다.

사물인터넷은 마치 지구의 물리법칙을 다시 고쳐 쓰는 것과 같은 파급력을 갖고 있다. 그것은 새롭고, 전혀 예기치 못한 방식으로 인간과 기계의 지능을 연결하는데, 때로는 무섭기까지 하다. 사물인터넷은 사람, 동물, 차량, 공기 기류, 바이러스 등을 포함한 사물들 사이의 움직임motion을 이해할 수 있다. 너무 복잡해 인간의 정신과 감각으로 파악이 불가능한 데이터의 관련성을 인지하고 패턴을 예측한다. 이를테면 사람만의 힘으로는 일일이 파악하기 어려운 교량과 도로의 상태 또는 대기의 물리적 상태를 블록 단위block-by-block로 파악한다. 또한 사물인터넷은 인간이 저지르는 실수와 무관하게 시스템이 작동하도록 지원한다. 놀랍게도, 이 시스템은 알고리즘을 수용하면서 시간이 흐를수록 더 똑똑해진다.

사물인터넷은 1970년대와 1980년대에 컴퓨터가 널리 보급되면서 시작된 강력한 디지털 혁명의 두 번째 물결에 해당한다. 여느 다른 혁명처럼 사물인터넷이 불러올 혁명도 승자와 패자를 나누고 점수를 부여할 것이다. 사물인터넷을 이용한 새로운 제품, 서비스가 개발되면 기존의 방식들은 더 이상 쓸모가 없어질 것이다. 사물인터넷 기술로 인해 일자리들이 사라지기도 하지만 새로운 직종들이 나타나기도 할 것이다. 사물인터넷을 통해 커넥티드 시스템Connected System은 교육, 정부, 비즈니스의 기능을 재구성하고, 인간의 행동, 행태, 사회적 규범을 바꾸어놓을 것이다. 또한 우리가 투표를 하는 방식에서 식당에서 식사를 하는 방식, 휴가를 떠나는 방식까지 모든 영역에서 영향을 미칠 것이다.

그러나 사물인터넷으로 실현 가능한 잠재적 이득에는 상당한 고통과 의도하지 않은 결과들이 따른다. 머지않은 미래에 새로운 범죄, 무기, 전쟁 방식이 등장해 상당한 정치적·사회적 문제를 야기할 것이다. 무엇보다도 사물인터넷을 이용하면 굳이 사람들이 소통하지 않아도 기계가 알아서 데이터를 교환하므로 인간관계가 단절될 것이다. 우리 사회는 현재의 프라이버시 및 보안 개념을 더 엄밀하게 검토해야 할 것이다.

사물인터넷이 우리를 정확히 어디로 데려다줄 것인지를 지금 알기는 거의 불가능하지만, 지금보다 더 기술중심적인 세상이 실현되리라는 점은 분명하다. 우리는 자동화된 집에서 살고, 네트워크로 연결된 도로 위를 스마트 차량으로 주행하고, 충분한 상호작용이 가능한 상점에서 쇼핑하게 될 것이다. 커넥티트 의료기기와 웰빙 제품들은 건강관리에 대한 생각을 바꾸어놓을 것이다. 앞으로 10년 이내에 우리는 깜짝 놀랄 만한 다양한 스마트 시스템들을 우리의 일상 속에서 사용하게 될 것이다.

이 책은 최근 주목받고 있는 사물인터넷을 알아보는 가이드 여행이다. 디즈니가 선보였던 '진보의 회전목마Carousel of Progress' 전시회 쇼를 떠올리면 된다. 회전목마를 탄 것처럼 가정, 회사, 교통, 건강 분야 등에서 사물인터넷이 어떻게 세상을 바꾸는가를 두루 살펴볼 것이다.

1장에서는 사물인터넷의 기원을 검토한다. 처음에는 개인용 컴퓨터와 인터넷을 다룬다. 개인용 컴퓨터와 인터넷은 개인-개인 person-to-person 수준의 글로벌 커뮤니케이션을 이끌었다. 사물인터넷에서 인터넷은 전기 배선과 같은 역할을 하며 실시간의 커뮤니케이션과 대규모의 데이터 공유를 가능하게 해준다.

2장에서는 연결된 세상을 지탱하는 두 가지의 강력한 기술, 모바일 mobile 과 클라우드 컴퓨팅 cloud computing 이 사회에 미치는 영향력을 살펴본다. 소셜 미디어와 빅데이터 등 디지털 도구들을 뒷받침하는 인프라를 구축하려면 커뮤니케이션 기능뿐만이 아니라 앱 apps 과 임베디드 embedded 를 다루는 역량도 요구된다. 이러한 기술들이 모였을 때 사물인터넷이 지닌 막대한 가치가 비로소 드러난다.

3장에서는 산업인터넷 Industrial Internet 과 기계-기계 machine-to-machine 커뮤니케이션을 자세하게 알아볼 것이다. '사물 통신'으로도 불리는 기계-기계 커뮤니케이션은 스마트 제조, 지속 가능한 공급사슬의 가시성, 개선된 공공 안전의 기반이 된다. 사물인터넷 이용의 확산은 '규모의 효율성'으로 귀결된다. 또 자동화되는 범위가 더욱 넓어지고 센서들에 기반을 둔 분 통해 상당한 비용 절감의 가능성도 기대할 수 있다.

4장에서는 우리가 세상과 상호작용하는 방식을 재정의하는 스마트 소비자 기기와 서비스를 알아본다. 피트니스 운동량을 추적하기 위해 손목에 차는 핏빗Fitbit에서부터 스마트폰으로 열리는 도어락과 조명 시스템 등 커넥티드 디바이스가 어떻게 진화해 성숙기에 이르렀고 몇 달이나 몇 년 이후에는 어떤 방향으로 개발될 것인지를 검토할 것이다.

5장에서는 사물인터넷의 구축 과정에서 부닥치게 되는 실무적·기술적 도전을 탐색할 것이다. 더 진전된 하드웨어, 소프트웨어, 센서들의 개발 및 통합이 주요한 내용이다. 또한 사물인터넷 분야에서의 기술적·산업적 표준의 필요성을 파악하고, 사물인터넷으로 수집된 모든 데이터를 효과적으로 이용하기 위해 무엇이 요구되는가를 이해하고자 한다.

6장에서는 사물인터넷으로 연결된 세상에 대한 우려와 그에 따른 위험, 문제 등에 대한 통찰을 제시한다. 사물인터넷이 사회를 지나치게 단순화하고, 불평등을 조장하고, 디지털 격차를 넓힐 것이라는 심각한 우려가 이미 나오고 있다. 이와 더불어 다음과 같은 의문들도 나타나고 있다. 사물인터넷 기술을 이용한 자동화가 사회에 대규모 실업을 초래하거나 중산층을 감소시키는 하강 이동성을 발생시킬까? 사물인터넷을 이용한 범죄가 늘어나거나 새로운 종류의 테러리즘이나 전쟁이 초래될 것인가? 법적 시스템은 어떻게 달라질 것인가? 점차 커져가는 디지털 주의분산digital distraction 문제는 더 악화될까? 거의 모든 움직임과 활동이 드러나고 기록되는 시대에 우리는 어떻게 보안과 프라이버시를 조화시킬 수 있을 것인가?

마지막 7장에서는 어떻게 미래가 전개되고, 사물인터넷이 사회에 어떤 영향을 미칠 것인가를 장기적으로 예측하려 한다. 각계의 전문가들이 사물인터넷에 대해 가지는 관점과, 2025년 무렵 달라질 우리의 삶과 직업에 대한 시나리오를 다룰 것이다.

1

모든 것을 바꾸는
사물인터넷

어느 평범한 일상

월요일 아침 7시에 나는 손목의 핏빗 포스 밴드가 보내는 진동을 느끼며 잠에서 깬다. 몇 분 후 아이폰을 집어 들고 이메일과 메시지를 확인한다. 아이폰 화면에서 핏빗 앱 아이콘을 터치하자 지난밤 나의 수면 패턴이 눈에 들어온다. 이 앱은 내가 잠들 때까지 시간이 얼마나 걸렸으며 도중에 몇 번이나 깼는가를 한눈에 보여준다. 침대에서 빠져나와 화장실로 향한 나는 핏빗 체중계에 오른다. 체중계는 내 신체 정보를 자동으로 클라우드cloud 서버에 보내고, 서버는 신체 정보를 분석해 웹사이트나 스마트폰 앱을 통해 피드백을 제공한다. 이 피드백을 통해 나는 몸무게, 체지방률, 섭취한 음식량과 수분량, 전반적인 활동량 등을 알 수 있다.

아침 식사 시간, 아이폰에 설치된 마이피트니스팰MyFitnessPal 앱을 이용해 오트밀 포장지 겉면에 인쇄된 바코드를 스캔한다. 이 앱은 300만 개가 넘는 칼로리 영양 정보를 보유한 인터넷 데이터베이스에서 내 오트밀에 해당되는 정보를 찾아내 나에게 보내준다. 아침 식사를 마친 뒤에는 헬스장으로 향한다. 이 헬스장의 러닝머신은 아이디ID를 입력하면 자동으로 나의 이동 거리와 칼로리 소모량을 보여주며, 운동을 마치면 운동 정보를 스마트폰의 핏빗 앱으로 보내주기까지 한다. 운동기계와 앱의 이런 놀라운 조합은 내가 하루 동안 한 활동과 섭취한 음식에 대해 거의 완전한 정보를 제공한다. 이 정보를 통해 내가 건강관리를 제대로 하고 있는지, 아니면 정해둔 목표에 한참 미달했는지 알 수 있다. 예컨대 스마트폰 앱이 단정하게 시각화해놓은 표와 그래프, 계기판의 데이터를 자세히 살펴보면 영양균형적인 식사를 하고 있는지, 충분한 수분을 섭취하고 있는지 등을 한 번에 파악할 수 있는 것이다.

운동을 마치고 집으로 돌아오면 아이폰에 설치된 메트로마일MetroMile 앱으로 주행 정보를 확인한다. 이 앱은 자동차와 연동되어 있기 때문에 나의 주행 거리와 연료비 등 정보를 측정해 보여준다. 간단하게 샤워를 마친 후에는 아이패드iPad를 켜서 페이스북facebook에 올라온 새로운 소식들을 체크하고 이메일을 정리한다. 이 과정을 모두 마치면 데스크톱 컴퓨터로 업무를 보러 홈 오피스home office로 간다. 일을 하다가 문득 내가 주말 동안 여행을 갈 예정이라는 것을 기억해내고 핸드폰으로 실내 온도를 조절하는 앱 에코비Ecobee의 설정을 휴가 모드로 변경해둔다. 그리고 여행을 떠난 동안에 이웃이 내 화분들에 물을 줄 수 있도록 케보락Kevo Smark Lock(모바일 플랫폼에서 작동하는 스마트 자물쇠: 옮긴이)에 임시 암호를 설정해놓는 것도 잊지 않는다.

일을 마친 후에는 저녁 식사를 준비하고, 핸드폰에 설치한 소프트웨어 기반의 하모니 리모컨으로 넷플릭스Netflix를 켠 다음 무선 네트워크로 연결된 블루레이 DVD 플레이어로 영화를 한 편 본다. 어둑해질 무렵이면 위모Wemo 전등 스위치가 내가 사는 지역의 일몰 시간에 맞춰 자동으로 현관의 등을 켠다. 위모는 매일 일출과 일몰 시간을 기록해 언제나 최신 상태를 유지한다. 몇 분 후에는 핸드폰으로 차고 문이 30분 동안 열려 있다는 알림 메시지를 받는다. 아이들이 쓰레기를 버리러 나가고 문을 닫는 것을 잊었나보다. 나는 앱의 버튼을 눌러 간단히 차고 문을 닫는다.

밤 11시 30분, 위모가 자동으로 현관 등을 끈다. 나는 침대에 누워서 잡지 기사를 읽는다. 어떤 기사가 마음에 들어 스크랩하기로 한다. 나는 핸드폰을 열어서 잡지 기사를 에버노트EverNote에 저장하게 해주는 닥스캐너DocScanner 앱을 실행한다. 에버노트는 클라우드 서버와 연동되어 내가 저장한 기사를 여러 가지 기기에서 열람할 수 있게 한다. 나는 핏빗 알람을 다음날 아침으로 설정하고 불을 다 끈 후 잠에 든다.

위의 시나리오는 소설이 아니다. 내가 사는 집의 평범한 하루를 사실적으로 묘사한 것에 불과하다. 참고로 말하면 내 집은 각종 디바이스가 가득한 최첨단 연구소도 전혀 아니다. 지금 내 라우터router는 총 열아홉 개의 무선 클라이언트를 보여주고 있다. 각 클라이언트는 각각 IP 주소를 가진 컴퓨팅 디바이스, 미디어 플레이어, 홈 자동화 장치 등으로 이루어져 있다. 이런 디바이스는 대부분 모바일 앱으로 쉽게 컨트롤이 가능하며, 전부 다 사물인터넷과 연결되어 있다. 이게 장점인지 단점인지 모르겠지만, 이런 디바이스는 이용자에 의한 조작을 거의 요구하지 않는다. 그러면서도 디지털 콘텐츠, 정보 취득, 잠금 장치와 문, 조명 및 온도 조절 장치의 관리에 이르기까지 광범위한 영역에 걸쳐 전혀 새로운 접근법을 제공한다. 이런 커넥티드 디바이스 가운데 일부는 다른 디바이스를 더 똑똑하고 효율적으로 작동하도록 도와주면서 에너지를 절감시킨다. 일부 기기는 보안을 강화시켜주기도 한다.

정보통신 기술 발전의 과정

많은 이는 지난 몇 십 년 동안 세상이 얼마나 엄청난 변화를 거쳤는지 깨닫지 못한다. 인터넷과 무선 장치, 클라우드, 앱이 존재하지 않았던 그리 오래되지 않은 예전에, 대부분의 데이터는 거대한 메인 프레임에 저장되어 있었고, 얼마의 시간이 흐른 뒤에는 개인용 컴퓨터의 하드 드라이브로 자리를 옮겼다. 이 기계들은 컴퓨터들로 이루어진 망망대해에 홀로 떠 있는 작은 섬들과 같았다. 어떤 디바이스에서 다른 디바이스로 데이터를 옮기는 작업은 매우 까다로웠다. 근거리 통신망LAN 에 접근할 수 있던 소수를 제외하고는 모두 플로피디스크floppy disk를 사용하던 시절이었다.

오늘날을 기준으로 보면, 플로피디스크를 사용해 데이터를 옮기는 작업은 느릴 뿐 아니라 매우 성가신 작업이었다. 플로피디스크는 저장 용량은 작고 부피는 컸다. 가장 처음 출시된 것은 둘레가 8인치에 달했다. 더 놀라운 건, 이 커다란 장치가 저장할 수 있는 용량은 80킬로바이트에 지나지 않았다는 사실이다. 이는 대략 40페이지의 텍스트와 비슷한 용량이다. 1970년대 중반 출시된 5.25인치짜리 플로피디스크는 저장 용량이 110킬로바이트로 늘었고, 1982년 출시된 상품은 1.2메가바이트까지 저장할 수 있게 되었다. 1980년대 후반에 이르자 2.4메가바이트를 저장할 수 있는 3.5인치짜리 디스크가 출시되었다. 당시에 이는 실로 비약적인 발전이었으나 오늘날을 기준으로 보면 거의 무의미한 정도다.

자기 매체magnetic media에 저장된 데이터를 옮기는 것도 만만치 않게 어려웠다. 디스크를 소포로 보내거나 직접 들고 다녀야 했기 때문이다. 상당한 용량의 데이터를 옮기는 데는 몇 시간, 또는 며칠이 걸리기도 했다. 1980년대나 1990년대까지만 하더라도 플로피디스크를 10장에서 20장까지 사용해서 소프트웨어 프로그램을 설치하는 일이 꽤 빈번했다. 설치 작업에

한 시간은 기본적으로 소요되었으며, 그동안 이용자는 다른 어떤 작업도 할 수 없었다. 당시에는 오늘날처럼 멀티프로세서나 멀티태스킹 기술이 존재하지 않았기 때문이다. 한때 유행했던 ZIP 드라이브 등 플로피디스크를 대체할 압축 저장 기술이 출시되기도 했지만, 데이터 관리를 더 편리하게 만들었을 뿐 시스템 연결성에 대한 개선으로 이어지지는 못했다.

그런데 이런 상황은 1990년대 컴퓨터 네트워크가 널리 사용되기 시작하면서 상황은 완전히 바뀌었다. 이더넷Ethernet과 근거리 통신망은 단체나 기관들이 내부적으로, 때로는 비즈니스 파트너나 기타 외부인들과 데이터를 공유할 수 있게 했다. 그러나 높은 비용, 배타성, 낮은 데이터 전송속도는 네트워크의 가치를 떨어뜨렸고, 보급률도 동시에 감소시켰다. 네트워크 연결은 대부분의 사람들에게는 먼 이야기였고, 당시에는 연결성을 갖춘 기계도 매우 드문 상황이었다.

많은 경우 원격 사용자들은 파일을 받거나 보내기 위해 컴퓨터 메인 프레임에 300bps 모뎀으로 전화를 걸어야 했다. 프로토콜을 설정하고 데이터를 전송하는 작업은 대개 까다롭고 벅찬 일이었다. 짧은 텍스트 파일을 보내는 데 몇 분이 넘는 긴 시간이 소요되었으며, 용량이 큰 파일을 전송하는 경우 시스템 리소스를 모조리 차지해서 컴퓨터는 몇 시간 동안이나 먹통이 되기도 했다. 오늘날을 기준으로 보면, 데이터 전송 분야는 미개척지였다. 당시 상황은 마젤란Ferdinand Magellan이 바람에 의지해 나무로 만든 배를 타고 세계를 일주했던 상황으로 비유할 수 있다.

그 이후 몇 년 동안의 연구를 거쳐 1995년 인터넷과 월드와이드웹 WorldWideWeb이 상용화되었다. 1950년대 이루어진 패킷 기반 네트워크 연구의 결과였던 아르파넷 ARPAnet이 1969년 소개되었을 당시의 초보적인 수준을 뛰어넘어 진화된 인터넷 프로토콜 IP 네트워크로 탄생했다(IP는 전송 제어 프로토콜TCP과 더불어 디바이스 및 시스템 사이의 가상 연결을 관장하는 프로토콜이다). 컴퓨터 연산 능력의 도약과 과학기술의 진보가 이루어지자 기업들은 정부에게 망중립성 Net Neutrality을 요구하기 시작했다. 미국 정부가 미국 국립과학재단네트워크NSFnet를 폐기하고 새롭게 미국 국가연구교육망NREN을 개방하면서 새로운 시대가 열렸고, 전 세계를 연결할 수 있는 기틀이 확립되었다.

초창기에 대중은 전화식 모뎀과 마크 앤드리슨Marc Andreesen이 만든 모자이크Mosaic라는 웹 브라우저를 이용해 인터넷을 연결했다[모자이크는 나중에 넷스케이프(Netscape)로 명칭이 바뀌었다]. 모자이크는 옥스퍼드 대학을 졸업하고 유럽 입자물리연구소 CERN에서 일하던 팀 버너스리Tim Berners-Lee의 초기 작업에 기초하고 있었다. 버너스리는 1990년, 당시에는 강력했던 넥스트 NeXT 컴퓨터를 사용해 최초의 웹브라우저 월드와이드웹(이후

Nexus로 이름이 바뀌었다)을 발명했다.

초창기 인터넷 연결 속도는 고통스러울 만큼 느렸다. 웹 페이지 하나를 불러오는 데 몇 분이 소요되었으며, 그 연결성도 이용자들이 아메리카온라인AOL, 컴퓨서브CompuServe, 어스링크 EarthLink 서비스에 로그인되어있을 때만 유지되었다. 당시 브로드밴드는 몇몇 대규모 대학과 연구 기관, 사업체, 정부 기관을 제외하고는 아직 널리 사용되지 않았고, 일반 사람들은 그 이후 몇 년이 지나도 브로드밴드에 접근할 수 없었다. 2000년이 되면서 미국 국민의 3% 정도가 집에 브로드밴드를 연결할 수 있었고, 2013년 8월에는 그 숫자가 70% 정도로 급상승했다.[1] 미국보다 높은 브로드밴드 연결성을 기록한 국가들도 몇몇 있었다.

산업혁명 시기에 첫 번째 철도 선로가 놓인 것처럼 이러한 체계는 어느 날 갑자기 등장했다. 로버트 칸Robert Kahn과 빈트 서프Vint Cerf 등 인터넷 발명가들은 네트워크로 서로 연결되는 시스템을 가진 세상을 꿈꿨다. 그들은 엄청난 용량과 데이터 처리 능력을 가진 더 똑똑한 기계의 도래를 예언했다. 1999년에 아메리카웨스트 항공사의 기내 잡지 ≪아메리카웨스트 America West≫에 기사를 싣기 위해 서프를 인터뷰했을 때, 그는 자신의 목표를 이렇게 이야기했다.

1973년 당시 가장 큰 목표는 컴퓨터들이 서로 소통할 수 있는 방법을 만드는 것이었습니다. 그때의 컴퓨터 네트워크는 단절되어 독립적으로 작동했죠. 공통의 언어가 마련되어 시스템들이 서로 정보를 교환할 수 있도록 하지 않으면 컴퓨터의 가치는 더 이상 성장하지 않으리란 점이 명백했습니다. 우리는 각자 다른 상업적 시스템을 따라서 제조된 전화들 때문에 상대방에 따라 각기 다른 전화를 사용해야 했던 1910년대와 1920년대의 악몽을 반복하고 싶지 않았습니다. 그래서 우리는 다른 컴퓨터와 네트워크 간의 소통을 가능하게 한 TCP와 IP라는 인터넷 프로토콜을 발명했죠.

우리는 테크놀로지가 가진 거대한 잠재력을 인식하고 있었습니다. 그러나 당시 컴퓨터는 몇백만 달러를 호가하던 사치품이었으며, 부피도 엄청났습니다. 컴퓨터가 방 하나를 전부 차지할 정도였어요. 서류 가방에 간단히 넣어 집으로 가져갈 수 있는 게 아니었죠. 그런데 더 재미있는 건, 모든 이가 인터넷 같은 최신 기술을 사용하게 되는 상황은 상상도 못했다는 겁니다. 마치 자동차를 발명한 사람이 수십 대의 자동차를 상상하는 데 그치는 것과 같습니다. 자신의 발명품이 전 세계의 수억 명의 태도, 관습, 행동 등을 완전히 바꿔놓을 것이라는 점은 전혀 예상도 못하면서 말이죠.

오늘날 선진국에서는 어디서든 인터넷에 접근할 수 있다. 그뿐 아니라 모바일 디바이스와 셀룰러 네트워크에 이어서 등장한 모바일 브로드밴드는 언제나 인터넷에 연결되어 있고, 언제나 문화가 서로 연결되어 있는 세상을 가능하게 했다. 2008년 출시된 아이폰과 2010년에 나온 아이패드는 오늘날 부상하는 사물인터넷의 토대를 마련했다. 물론 이전에도 스마트폰이나 개인용 디지털 보조기기PDA가 존재했지만 아이폰에 비해 너무 무겁고 느렸으며, 기능들도 매우 제한되어 있어 대부분은 달력, 연락처, 기초적 데이터만 동기화할 수 있는 수준이었다. 대부분은 전화 기능 이외에는 어떤 기능도 만족스럽게 수행하지 못했다.

그럼에도 세상을 연결하고, 디바이스를 연결할 수 있는 토대가 탄생했다는 점은 분명하다. 오늘날 모든 커넥티드 디바이스는 IP 주소를 가진다. 모든 디바이스는 IP 주소를 통해 스마트폰, 태블릿 컴퓨터, 게임 콘솔, 자동차, 냉장고, 세탁기, 조명 시스템, 잠금 시스템, 통행료 자동 지불 시스템 등 다른 모든 장치들에 연결된다. 지난 몇 년간 IP에 기반을 둔 다양한 시스템과 플랫폼이 등장하기도 했다. 이제 IP는 통신, 엔터테인먼트, 쇼핑, 상거래, 기타 활동들의 기본 도관conduit이라고 할 수 있다.

이런 흐름을 주도하는 것은 디지털 속성의 기계와 시스템의 성장이다. 20~30년 전까지 비디오 레코더는 테이프를 사용했다. 카메라는 필름으로 사진을 찍었으며, 리모컨은 오로지 하드웨어로만 제작되었고, 사람들은 음악을 들을 때 레코드나 테이프, 콤팩트디스크CD로 들었다. 문서는 프린트해서 팩스나 택배로 전달했다. 아날로그 기기와 디지털 디바이스가 공존하던 당시에는 각 기기가 하나의 기능만을 수행했다. 물리적 매체를 제외하고는 디바이스들 사이에 데이터를 전송하는 방법이 거의 없었다. 유용성과 편리성 역시 상당히 제한되었다.

반면, 오늘날의 태블릿이나 스마트폰 같은 컴퓨팅 디바이스는 놀랄 만한 기능과 특성을 갖고 있다. 이 디바이스는 공용어로 떠오른 이진법 코드와 인터넷 프로토콜 덕분에 과거의 서로 다른 디바이스가 가졌던 기능을 하나로 합쳐 간단하고 단순한 방식으로 작동한다. 예전에는 프로그래밍 언어에 정통한 수많은 개발자들이 동원되어야 했을 명령, 기능 수행, 코딩이 이제 손가락으로 화면을 터치하거나 단어를 내뱉기만 해도 가능해졌다. 컴퓨팅 디바이스에 대한 지식이 전무한 사용자들도 복잡한 컴퓨터 업무를 수행할 수 있게 된 것이다.

그 결과, 디지털 테크놀로지는 산업 전 분야의 지형을 뒤흔들며 급진적 변화들을 불러오고 있다. 기존의 카메라와 필름은 거의 자취를 감추었고, 단일 기능만 수행하던 비디오 레코더 및 오디오 레코더, 종이 지도, 유선전화 등은 거의 멸종 위기에 처해 있는 상황이다. 종이 잡지와 도서들은 이제 역사의 뒤안길로 사라지려 한다. 게다가 단일 기능만 수행하는 디바이스도 기본적으로 인터넷과 연결된다. DVD 플레이어는 원격 서버에서 영화를 전송하고, 자동차 내비게이션은 인공위성 센서로 교통 정보를 수신하고, 화장실에 놓인 체중계마저 정보를 인터넷에 업로드한다. 의료 기기에서 농업용 기기에 이르기까지 인터넷 연결성을 탑재한 산업용 기기가 늘어나면서, 이 디바이스가 인터넷을 통해 보내온 모든 데이터는 데이터베이스에 자리를 잡고, 다른 데이터와 합쳐져 분석된다.

모든 디지털 기기는 상품과 서비스에 가치를 부가한다. 75 달러짜리 핸드폰은 갑자기 스마트폰으로 600달러에 팔리기 시작했고 우리가 사는 세상을 다시 정의했다. 만물인터넷 가치 지수IoE Value Index를 개발한 시스코 시스템스Cisco Systems에 따르면 기업들은 오늘날 커넥티드 디바이스를 활용함으로써 무려 6130억 달러 규모의 부가가치를 창출한다. 그러나 이는 사물인터넷이 가진 가능성의 절반 정도만 구현된 것에 불과하다. 시스코 시스템스는 10년 안에 사물인터넷이 14조 4000억 달러의 순익을 창출해낼 수 있을 것으로 추정한다.

데이터의 생산적 활용

오늘날 우리는 연결된 세상 connected world에 살고 있다. 마셜 매클루언 Marshall McLuhan이 말한 지구촌 Global Village은 이미 현실이 되었고 디지털 시대도 이미 오래전에 실현되었다. 전 세계 인터넷 이용자 수는 70억 명에 달할 것으로 추정된다. 시스코 시스템스는 2014년 4월 기준 대략 121억 개의 기기가 인터넷 연결된 채로 사용 중이며, 2020년에는 그 수가 500억 개까지 늘어날 것으로 내다봤다.[2] 시스코 시스템스의 분석에 따르면 100개 정도의 '사물'들이 매초마다 인터넷에 새롭게 연결되고 있는데, 2020년에 이르면 그 수가 250개에 달할 것으로 보인다. 시스코 시스템스의 인터넷 비즈니스 솔루션 그룹 Internet Business Solution Group은 1조 5000억 개가 넘는 '사물'들이 세상에 이미 존재하고, 그 가운데 99%가 네트워크의 일부분이 될 것이라는 예측을 내놓았다. 이런 예측이 과장된 것인지, 아니면 현실을 바탕으로 한 수치인지는 시간이 말해줄 것이다.

한편, 그 사이 사물들의 형태도 변하고 있다. 인터넷 연결성은 더 이상 컴퓨터와 스마트폰에만 국한된 특성이 아니다. 주차료 징수기, 자동 온도 조절 장치, 건강 모니터링 장치, 피트니스 디바이스, 교통 카메라, 타이어, 도로, 잠금 장치, 슈퍼마켓의 진열대, 환경 센서, 가축과 나무까지 인터넷에 연결되어 있다. 더욱 놀라운 점은 인터넷 연결 기능을 가진 장치들의 역량이 디지털 테크놀로지의 교차와 함께 기하급수적으로 증가하고 있으며, 동시에 하드웨어와 소프트웨어의 가격은 지속적으로 떨어지고 있다는 사실이다. 인터넷은 더 빠르고 안정적으로 연결되어가며, 개발자들은 서로 다른 장치들과 앱, 플랫폼 등을 통합하는 데 숙련되어가고 있다.

커넥티드 디바이스는 기업과 소비자에게 완전히 새로운 기능과 활용 가치를 제공한다. 예컨대 지구 반대편에서도 간단한 스마트폰 조작으로 온도 장치를 조절하고, 조명을 켜고 끄며, 현관 잠금 장치에 임시 암호를 설정할 수도 있다. 게다가 소셜 미디어, 크라우드소싱, 지정학적 데이터, 최종적 빅데이터 분석을 통해 데이터를 새롭고 흥미로운 방식으로 활용할 수 있다. 이 가운데 빅데이터 분석은 오늘날까지 축적된 거대한 데이터세트datasets를 활용한다. 어떤 이들은 이런 데이터가 곧 사업과 주식 평가, 인수 합병 활동을 지배하는 진정한 의미의 화폐로 거듭날지도 모른다는 예측을 한다.

사물인터넷은 또한 전염병을 탐구하는 학자들이 실시간으로 바이러스의 확산을 관찰할 수 있도록 한다. 식료품점은 사물인터넷을 활용해 손님들이 어떤 상품을 주의 깊게 살펴보고, 구매하는지를 분석할 수 있다. 의류 제조업자는 사람들의 패션 취향과 미래 트렌드를 예측할 수 있다. 또한 도시는 센서 등의 시스템에서 데이터를 수집해 교통 혼잡, 쓰레기 수거, 공익사업, 환경 자원 등을 더 효과적으로 관리할 수 있다. 사물인터넷의 영향으로부터 자유로운 산업 분야는 존재하지 않는다. 사물인터넷 기술은 방대한 양의 정보의 수집, 높은 수준의 통찰과 물리적 시스템 및 가상 시스템에 대한 한층 더 깊은 이해를 가능하게 한다.

사물인터넷 개념의 이해

사물인터넷은 문자 그대로 인터넷이나 다른 사물들과 연결된 '사물'을 지칭한다. 사물인터넷은 컴퓨터, 태블릿 , 스마트폰에서부터 피트니스 디바이스, 조명, 문 잠금 장치, 책, 비행기 엔진, 신발 또는 미식축구 헬멧에 이르기까지 거의 모든 사물에 해당될 수 있다. 이러한 사물이나 디바이스는 고유한 단독 신원 번호UID와 IP 주소를 부여받는다. 이 사물들은 전기코드나 인공위성, 이동통신망, 와이파이Wi-Fi, 블루투스 등 무선 기술을 통해 연결된다. 사물들은 내제된 전기회로망뿐만 아니라 칩과 태그로 이후에 추가된 RFID와 근거리 무선통신NFC도 이용한다. 어떠한 메커니즘을 사용하든 상관없이, 모든 사물인터넷은 데이터를 이동시켜 멀리 떨어진 서로 다른 장소들 간의 작업을 가능하게 한다는 공통점을 가진다.

　그럼에도 광대한 영역의 사물인터넷을 구분하는 주요한 차이점이 존재한다. 가장 기본적인 정의부터 출발해보면 먼저, '커넥티드 디바이스'는 인터넷으로 데이터를 교환하고 네트워크 연결성을 통해 이익을 창출하는 장치들을 일컫는다. 커넥티드 디바이스가 꼭 사물인터넷에 연결되어 있어야 할 필요는 없으나, 점점 더 많은 기기가 사물인터넷 형태를 따르고 있다. 커넥티드 디바이스는 컴퓨터뿐만 아니라 세계 각지에 퍼져 있는 각양각색의 사물들까지 인터넷 연결성을 확장시킨다.

　2014년 5월 ABI 리서치가 발표한 「사물인터넷과 만물인터넷 비교: 무엇이 다른가?Internet of Things vs. Internet of Everything: What's the Difference?」에 따르면 연결된 대상에는 물리적 객체physical-first 와 디지털 객체digital-first 두 가지 종류가 있다. 물리적 객체는 변형을 가하거나 특별한 조작을 하지 않는 이상 디지털 데이터를 생산하거나 통신하지 않는 사물이고, "디지털 객체는 처음부터 데이터를 생산하고 통신하도록 설계된 사물이다".[3]

　이는 중요한 차이다. 예컨대 책이나 레코드의 하드카피는 물리적 객체의 일종이다. 그러나 전자책e-book이나 MP3 오디오 파일은 디지털 객체에 해당한다. 이들은 물리적 실체가 아닌 이진법 코드로 구성되어 본질적으로 디지털 세계에서 발생했기 때문이다. 상점은 물리적 객체고 온라인 쇼핑몰은 디지털 객체다. 수많은 물리적 객체들이 RFID 같은 디지털 기기 및 기술을 통해서 태그tagged될 수 있으나, 디지털 사물과 동일한 수준의 데이터를 제공하지는 않는다. 예컨대 마케팅 담당자는 모든 이용자들의 클릭clicks과 탭taps을 연구해 전자책을 이용하고, 읽는 방식을 추적할 수 있다. 그러나 인쇄된 책이라면 자신의 위치가 어디에 있는가를 드러낼 수 있을 뿐이다. 잉크와 종이는 디지털이 아니므로 독자의 이용 행태에 대한 정보를 제공하지는 못한다. 그러나 물리적 객체가 주는 정보의 가치는 상황과 업무에 따라 달라진다. 분실된 책을 찾으려고 하는 사서에게는 물리적 객체인 책이 제공하는 위치 정보가 매우 가치 있을 것이다.

물리적 기기를 디지털 영역에 진입하도록 해주는 주요한 도구는 바로 RFID다. 이것은 기계에 설치된 센서나 장치에 설치된 칩에서 데이터를 추출하는 마이크로칩에 의존한다. RFID는 배터리 등의 전력 공급원을 지니는 능동적인 태그와 전력을 필요로 하지 않는 수동 태그를 모두 이용한다. 두 종류의 RFID 모두 근처의 RFID 리더를 통해 컴퓨터에서 데이터를 수집하고 교환한다. 리더가 범위 내에 있다면 RFID는 자동적으로 컴퓨터에 신호와 데이터를 송신한다.

동passive RFID는 특히 매력적인데, 전력을 필요로 하지 않고 년 넘게 태그의 사용이 가능하며, 하나에 몇 센트밖에

하지 않기 때문이다. 수동 태그는 가까운 위치에 있는 리더에서 전력을 공급받는다. 디바이스에 내장된 코일 안테나가 회로를 형성하며, 태그가 자기장을 생성한다.

사물인터넷 분야의 다른 용어로는 산업인터넷이 있다. 산업인터넷은 센서가 내장된 기계를 더 '똑똑하게' 해준다. 산업인터넷이 적용된 기계들은 사물인터넷의 IT 인프라에서 배관시설의 역할을 한다. 예컨대 산업 장비 또는 배달용 트럭이 사물인터넷에 데이터를 전송하고, 이렇게 전송된 데이터가 다른 데이터와 결합해 더 높은 가치를 갖는 식이다. 사물인터넷에서 커뮤니케이션은 주로 세 가지 방식으로 이루어진다. 첫째는 기계-기계M2M, 둘째는 인간-기계H2M, 셋째는 기계-스마트폰(또는 태블릿 등 다른 디바이스)M2S 간의 커뮤니케이션이다. 물론이 세 방식은 각기 다른 함의를 지닌다. 이에 대해서는 앞으로 책 전반에 걸쳐 다룰 것이다.

사물인터넷이 거대한 잠재력을 가진 것은, 물리적 객체에 해당하는 제품들을 서로 연결할 뿐 아니라 컴퓨터와 소프트웨어 응용프로그램 등 디지털 객체 제품들도 연결하기 때문이다. 이 특성 덕분에 디바이스는 그룹 또는 다지점multi-point 방식으로 상호작용하고 실시간으로 데이터를 공유할 수 있다. 나아가 모든 기계들이 다양한 컴퓨팅 디바이스를 사용하는 사람들, 특히 인간인터넷IoH: Internet of Humans과 연결된다면 전혀 새로운 개념적 틀이 탄생한다.

이 모든 것의 합이 바로 만물인터넷 IoE: Internet of Everything 이다.
만물인터넷이라는 용어는 시스코 시스템스가 만들었다. 만물
인터넷은 물리적 세계와 가상 세계가 융합되어 한층 진전된
상태를 뜻한다. 개별적 디바이스의 역량이 서로 연결되어 새
로운 역량을 창출하는 인간-기계 H2M 세상은 무한한 가능성을
지닌다. ABI 리서치가 사물인터넷과 만물인터넷을 비교한 보
고서는 이에 대해 다음과 같이 언급했다. "기계 학습 machine
learning과 인공지능으로 통제되는 사물들이 더 똑똑해지면서,
인간의 개입이 점차 불필요해질 것이다. 사물들이 이용자의
선호를 파악하기 위해 지금은 인간의 조작이 반드시 필요하지
만, 앞으로는 인간이 개입할 필요성이 사라질 것이다. 이런 의
미에서 인간인터넷은 더 깊은 수준의 지능 immersive intelligence 을
향해 나아가 위해 거쳐가는 과정으로 이해할 수 있다."[4]

커넥티드 디바이스 connected device 개념이 처음으로 등장한 시
기는 1990년대 초반이다. MIT 자동신원인식센터 Auto-ID Center 의
연구자들은 센서와 무선 신호로 디바이스가 서로 연결되는 시
스템을 고안했다. 이 센터의 공동설립자인 케빈 애슈턴 Kevin
Ashton이 '사물인터넷 IoT'이라는 용어를 1999년에 만들었다[MIT
자동신원인식센터는 2003년 해체되었고, 전자 상품 코드(EPC) 기술을
상용화하기 위한 EPC 글로벌이 설립되었다]. 1997년이라는 비교적

이른 시기에 애슈턴은 잠시 매니저로 일했던 P&G의 공급 체인에 RFID를 도입할 수 있는 가능성에 대해 고심했다. 2년 후에 문을 연 MIT 자동신원인식센터에서 애슈턴은 RFID의 세계적 기술 표준을 확립하는 과정에서 중추적 역할을 담당했다. 기술 사업가로 변신해서 스타트업을 창업하기 전까지 말이다.

당시 연구자들은 RFID를 사물인터넷의 전조로 이해했다. 근거리 무선통신, 바코드, QR 코드, 디지털 워터마킹과 더불어 RFID는 물리적 객체와 가상 세계 간의 간격을 메울 방법을 제시했기 때문이다. 애슈턴이 2009년 ≪RFID 저널≫에 쓴 기사에서 말했듯이 사물인터넷은 인간 기반의 데이터 입력에 기계 기반의 데이터 입력을 추가한 것이다. 기존 인터넷 데이터는 텍스트 파일, 메시지, 오디오, 사진, 비디오 파일의 형태였으나 사물인터넷은 완전히 새로운 데이터를 모을 수 있다. 사물인터넷은 데이터를 각기 다른 방식으로 결합시켜 인간과 기계에 대한 더 깊은 통찰을 할 수 있도록 한다.

애슈턴은 '사물인터넷이라는 것'이라는 글에서 자신의 견해를 밝혔다.

오늘날의 인터넷과 컴퓨터는 정보를 다루는 데 완전히 인간에게 의존한다. 인터넷에 존재하는 거의 모든 데이터는 타이핑이나 녹음, 촬영, 바코드 스캐닝으로 인간이 창조한 것이다. 인터넷의 구성 요소로는 라우터와 서버 등이 꼽히지만, 가장 중요한 라우터는 결국 인간이다. 문제는 인간의 시간과 주의력, 그리고 정확도가 제한적이라는 점이다. 이것은 인간이 실제 세상의 정보를 담아내는 데 적절하지 않다는 사실을 의미한다.

이것은 큰 문제다. 우리는 물리적 존재이며, 우리를 둘러싼 환경도 마찬가지다. 우리의 경제, 사회, 생존은 생각이나 정보가 아닌, 사물에 달려 있다. 비트bits는 인간이 먹을 수도 없고, 태워도 온기를 제공하지 않으며, 연료 역할을 할 수도 없다. 생각과 정보는 물론 중요하지만 인간에게는 사물이 훨씬 더 중요하다. 그러나 오늘날의 정보·기술은 컴퓨터들이 사물을 파악하는 것이 아니라 인간이 만들어낸 생각과 정보에 의존하게 한다. 우리는 컴퓨터에게 스스로 데이터를 취득할 수 있는 방법을 마련해주어야 한다. 그렇게 함으로써 컴퓨터가 스스로 보고, 듣고, 냄새를 맡으며 세상을 파악할 수 있도록 해야 한다.[5]

연결된 세계의 잠재력은 거대하다. 사물인터넷은 인간의 시각, 청각, 후각, 의식이 느끼지 못하는 세상 곳곳에 깊숙이 들어오고 있다. 사물인터넷은 새로운 종류의 네트워크와 시스템을 창조하며, 데이터와 정보, 지식의 새로운 이동 통로를 만들어낸다. 적절한 입력과 분석만 있다면 행성이나 다양한 사건들을 지배하는 물리학을 인간과 컴퓨터가 해석하는 것도 가능해진다. 이는 식료품 유통기한이 언제 만료되는지, 기계가 언제 망가질지 예측하는 단순한 적용뿐 아니라, 도시의 자동 그리드automated grid 위를 주행하는 스마트카를 관리하는 것처럼 복잡한 작업도 가능하게 할 것이다. 스마트 선반과 태그된 상품을 이용해 고객을 판별하고, 취향을 진단하며 홍미를 유발할 수 있는 정보와 쿠폰을 적절한 시기와 장소에 배치하는 일도 가능해질 것이다.

수십 년 이내 실현될 가능성이 높은 사물인터넷 개념들은 다음과 같다. 혈압, 혈당, 심박수 등 활력 징후의 정보를 수집하고 의약품 복용을 관리해주는 RFID 센서 등 장치들을 신체에 이식하거나 입는 날이 올 것이다. 그렇다면 적정량의 약물만 몸에 투여되어 약물로 인한 부작용을 방지할 것이다. 나노봇은 노인 환자의 신체에서 질병의 징후를 포착해 의사들의 진찰을 도울 수도 있다. 나노봇이 문제점을 파악하면 의사에게 알려 즉시 대응하게 할 수도 있다. 여기에 더해 3D 프린터가 장기 등 인간이 필요로 하는 사물을 만들어낼 수도 있다.

사물인터넷의 잠재력을 제한하는 것은 인간의 부족한 상상력이다. 오늘날의 사물인터넷은 아직 걸음마 단계에 있으며, 위의 가능성을 모두 실현하기 위해서 먼저 넘어야 할 산이 존재한다. 더 효율적이고 오래 지속되는 배터리의 개발, 디바이스의 소형화, 스마트폰뿐 아니라 의류와 기계까지 다양한 사물에 더 많은 센서를 부착하는 기술, 데이터 분류 알고리즘의 개선, 전파 신호에서 잡음 비율signal-to-noise ratio의 감소, 데이터 공유와 호환성 증대를 위한 기준과 플랫폼의 개발이 필요하다. 오늘날 물리적 센서와 가상 센서는 모두 데이터를 수집하며 이렇게 모아진 데이터는 얼마든지 분석할 수 있기 때문에 사물인터넷의 잠재력은 무한하다고 할 수 있다.

정보 보안에 대한 불안

인터넷이 뉴스, 정보, 거래와 사회적 상호작용의 속도를 빠르게 만들어 엄청난 시간과 비용을 절약하게 했지만 해킹, 정보 유출, 악성 소프트웨어, 사이버 공격, 스누핑snooping(인터넷 네트워크에서 오가는 정보를 몰래 엿듣는 행동: 옮긴이) 등의 문제들을 야기한 것도 사실이다. 이미 수백만 명의 개인정보와 금융 데이터가 범죄 위험에 노출되어 있으며, 기타 신원 도용과 사기도 증가했다. 미국 신용도용범죄센터The Identity Theft Resource Center는 2013년에 발생한 신원 도용 범죄가 알려진 것만 614건에 달한다고 추정했는데, 이는 전년보다 30%가 증가한 수치다.[6] 개인정보 도용은 미국에서만 9200만 건 이상 발생했다. 소매, 의료, 금융 등 모든 업계에 영향을 미쳤다. 더 큰 문제는 이런 범죄가 누그러질 기미가 보이지 않는다는 점이다.

사물인터넷은 사이버 범죄를 더 심화시키고 새로운 종류의 범죄를 만들어내기도 한다. 보안과 프라이버시 위험은 6장에서 자세히 다루겠지만, 많은 이가 인터넷의 발달이 미래에 디스토피아를 가져올 것이라고 예측한다. 정보시스템감사통제협회ISACA가 2013년 진행한 설문에 의하면 미국 인구의 92%가 상호 커넥티드 디바이스에 의해 수집된 정보의 보안에 대해 불안감을 가진 것으로 나타났다. 해커들은 이미 자동차, 비디오카메라, 베이비 모니터 등 사물인터넷을 공격했다. 사적 이득을 추구하지 않고 제품의 품질을 개선하기 위해 해킹을 한다는 화이트햇 해커white-hat hacker들이 인슐린 펌프, 인공호흡기, 심장을 정상 맥박으로 회복시키는 제세동기 등의 의료 기기에서 보안의 취약성을 발견하기도 했다.

해커가 비디오카메라를 마음대로 조작할 수도 있다는 사실도 두렵지만, 차량 브레이크를 무력화시키거나 환자의 심박조율기에 고장을 유발해 심각한 결과를 초래할 수도 있다는 사실이 더 소름끼친다. 사물인터넷과 연결성은 엔지니어와 설계자, 개발자, 보안 전문가들이 앞서 말한 문제에 대한 해결책을 찾아야만 비로소 발전이 가능하다. 사물인터넷 보안의 문제는 인간의 생명, 건강, 복지와 직접 연결된 산업기계, 헬스케어, 교통 분야에서 특히 중요한 의미를 가진다.

종합적인 조망

인터넷은 계속 진화하고 있다. 초고밀도 집적 회로 등 극히 작은 부품들을 연구하는 미소 전자공학microelectronics, 반도체, 컴퓨터 설계, 저장 장치, 클라우드 아키텍처cloud architecture 분야에서 이루어지는 기술적 진보는 새로운 가능성을 제시한다. 높은 대역폭을 제공하는 이동통신 데이터 네트워크와 초고속 와이파이는 사물인터넷의 기반을 견고하게 다지고 있다. 시스코 시스템스와 글로벌 비즈니스 네트워크GBN가 함께 작성한 보고서 「진화하는 인터넷Evolving Internet」[7]은 아르파넷 설계자들이 인터넷이 현재처럼 사용되리라고 전혀 예상치 못했다는 사실에 주목했다. 초기 인터넷의 설계자들은 얼마나 많은 사람이 인터넷을 사용하고, 얼마나 위험을 야기할 것인가에 대해서는 무지했다는 것이다. 나아가 이 보고서는 인터넷이 디지털 인상digital impression, 저장 시스템, 광섬유, 라디오 주파수, 전파, 스위치, 스크린, 터미널로 그물처럼 이어져 있으면서도 기술, 애플리케이션, 실행자, 정책들과 일련의 복잡한 관계를 맺고 있다고 설명했다. 이 모든 요소가 인터넷의 미래와 사물인터넷의 미래를 결정하게 될 것이다.

확실한 점은 인터넷의 크기와 깊이는 인간이 입력하고 상호작용하는 범위를 넘어 확장되고 있다는 사실이다. IP 기반 디지털 기술은 우리의 일상에서 언제나 접할 수 있으며, 클라우드 컴퓨팅, 모바일 앱, 크라우드소싱, 소셜 미디어, 빅데이터는 인간의 행동과 의사소통 방식에 큰 영향을 미치고 있다. 사물인터넷이 우리의 삶에 더 깊게 침투해 의료와 소매 시장에서부터 엔터테인먼트 산업과 정치에 이르기까지 모든 것을 재정의할 것이 분명하다. 머지않아 우리는 인터넷과 연결된 옷을 입고, 가장 빠른 길을 스스로 찾아갈 정도로 똑똑한 자동차를 타게 될 것이다.

사물인터넷은 세상을 뒤흔드는 사건으로 보아도 부족함이 없다. 어떤 이들은 사물인터넷을 '산업혁명 2.0'으로 부르며, 이전에 존재했던 어떤 기술 플랫폼보다도 세상을 크게 뒤흔들 대격변이라고 말한다. 사물인터넷이 걷게 될 궤도와 그 결과를 정확히 예측하는 것은 물론 불가능하지만, 확실한 건 인간과 기계 간의 구분이 점차 흐려질 것이라는 사실이다. 한발 더 나아가, 네트워크와 연결되며 스스로 작동할 수 있는 기계들은 지능을 가지게 될 것이다. 당신이 다음 문단을 읽는 순간에도 수천 개의 디바이스가 인터넷에 접속되고 있다.

미래는 이미 우리 곁에 와 있다.

2

모바일, 클라우드, 디지털 도구들로 연결된 세계

지구촌의 등장

지난 몇십 년 동안 디지털 테크놀로지는 세상을 변화시켜왔다. 사람들이 소통하고, 협업하고, 쇼핑하고, 여행하고, 읽고, 연구하고, 영화를 감상하고, 정보를 모으고, 휴가를 예약하고, 자산을 관리하는 방식을 완전히 바꾸어놓은 것이다. 또한 판매부터 공급 체인에서 제품이 나오는 방식까지 오늘날 기업의 모습을 거의 재창조하는 수준으로 변화시켰다. 오늘날 전 세계 인터넷 사업의 규모는 10조 달러에 달할 것으로 추정된다.[1] 2016년에는 인류의 절반인 30억 명이 인터넷을 사용하게 될 것이다.

이런 혁명의 중심에는 바로 이동성mobility이 있다. 핸드폰과 노트북은 25년이 넘는 세월 동안 계속 인류의 곁에 존재했다. PDA 역시 1990년대부터 사용되었다. 그러나 다양한 기능을 탑재한 고성능 휴대용 기기는 2007년 애플의 아이폰이 출시되기 전까지는 존재하지 않았다. 2010년에 등장한 아이패드는 모바일 시대가 진정으로 도래했음을 알리는 증거였다. 아이폰과 아이패드를 통해 사람들은 새롭고 효과적인 방식으로 소통하고 거래할 수 있게 되었다. 우주인들을 달로 보낸, 무려 15만 달러를 호가하던 아폴로호의 가이던스 컴퓨터보다 오늘날 단돈 몇백 달러면 살 수 있는 평범한 스마트폰이 훨씬 더 뛰어난 성능을 가졌다는 사실이 이를 뒷받침한다.

오늘날 전 세계에서 사용되는 핸드폰의 수는 대략 68억 개에 달한다. 많은 개발도상국가에서 핸드폰은 인터넷에 접속할 수 있는 유일한 수단이다. 이 핸드폰 중 15억 개 정도가 스마트폰이고, 그 수는 현재 빠른 속도로 증가하고 있다. 더 중요한 사실은 모바일 디바이스의 개수가 25억 개를 넘었다는 점이다. IT 컨설팅 회사 가트너Gartner에 따르면 온라인 활동의 절반 이상이 모바일 디바이스를 통해 이루어진다. 1999년 MIT의 컴퓨터 과학자 데이비드 D. 클라크David D. Clark가 말했던 PC 이후 세계가 현실화되고 있는 것이다. 보스턴 컨설팅 그룹은 2016년에 이르면 모바일 디바이스가 브로드밴드 연결의 80%를 차지할 것이라 추정했다.[2]

태블릿 장치를 포함한 스마트폰은 사람들이 인터넷에 접근하고 데이터를 교환하는 방식을 바꾸어놓았다. 소셜 미디어와 실시간 데이터 피드를 사용하기 시작한 비즈니스와 교육 기관, 정부 기관 등의 조직은 스마트폰이 보급되면서 새로운 기회와 과제를 받았다. 또한 클라우드 컴퓨팅과 모바일 테크놀로지는 커넥티드 디바이스를 관리하는 새로운 방식을 제시하고 있다. 연결성 및 상호연결성을 보유한 웹은 이전에 사회를 지배했던 그 어느 질서보다도 큰 변화를 가지고 올 것이다. 모바일 테크놀로지는 하나의 거대한 혁명인 것이다.

아이폰과 안드로이드폰은 이제 홈 시어터home theater의 통제 장치, 온도 조절계, 스마트 가전에 대한 관리자 역할을 모두 해낼 수 있다. 또한 인터넷과 연동된 체중계와 베이비 모니터, 자동차, 운동 기구, 심장박동 모니터 등과 상호작용할 수 있다. 스마트폰은 엄청난 수의 자동차와 장치들을 관리하고, 기계들이 제대로 작동하고 있는지 확인하며, 아이들과 반려 동물의 상태를 확인할 수도 있다. 더 놀라운 것은 포트port를 통해 아이폰과 아이패드 등 디바이스를 외부 장치 및 센서와 연결할 수 있다는 사실이다. 이런 연결성이 확장되면 디바이스의 기능 및 능력의 지평선은 더욱 넓어진다. 오늘날 디바이스가 가진 무궁무진한 가능성에 제동을 거는 것은 인간의 제한적인 창의성과 상상력뿐이다. 물론 아직까지는 센서, 소프트웨어, 배터리 분야에 기술적인 한계가 존재한다. 그러나 이런 한계도 기술 혁신 덕분에 빠른 속도로 극복되고 있다.

흔적도 없이 사라진 것들

모바일 통신기기에 대한 아이디어의 시작점을 찾으려면 백 년을 거슬러 올라가야 한다. 1930년대 후반 미군은 "워키토키 walkie-talkies"로 불리는 무선을 처음으로 사용했다. 그 당시에 휴대용 무선 송수신기의 무게는 11킬로그램 정도 나갔고, 8킬로미터 범위에서만 작동했다. 1946년 만화가 체스터 굴드Chester Gould는 신문에 〈딕 트레이시Dick Tracy〉를 연재하면서 양방향 시계 무전기two-way watch radio를 소개했다. 손목시계 모양의 통신 도구wristwatch communicator는 만화의 중심 소재가 되어 대중의 상상력을 자극했다. 1940년대에 벨 연구소Bell Labs 연구자 아모스 조엘 주니어Amos Joel Jr.와 레이 영W. Rae Young, D. H. 링D. H. Ring 등은 사람이 이동하면서도 대화를 할 수 있고 데이터를 교환할 수 있는 시스템을 설계했다. 이런 통신 기술이 개발되자 통신기기를 통해 다른 기지국에 연결하고, 위치에 따라 기지국을 바꾸는 것이 가능해졌다.

그 무렵에 '벨 시스템'이라고 불렸던 AT&T는 1946년 6월 17일, 미주리 주 세인트루이스에서 세계 최초로 핸드폰을 통한 통신 서비스를 제공하기 시작했다. 초기에 이 서비스를 사용하는 사람은 5000명 미만이었고, 매주 통화량도 3만 건에 그쳤다.[3] 그 당시 핸드폰 시스템은 오늘날의 편리함과는 거리가 멀었다. 교환원이 일일이 통화 요청을 연결해야 했고, 다른 지역에서는 통신 서비스를 아예 이용할 수 없었다. 핸드폰의 무게는 36킬로그램에 달했으며, 매달 15달러의 서비스료에 통화당 30~40센트를 추가로 지불해야 했다. 단지 세 명의 서비스 신청자만이 언제 어디서나 자유롭게 시스템을 이용할 수 있었다.

1960년대, 벨 연구소의 엔지니어 리처드 프렌키엘Richard Frenkiel과 조엘 엥겔Joel Engel이 컴퓨터와 장치들을 조립하면서 모바일 커뮤니케이션은 주파수 기반 커뮤니케이션을 뛰어넘게 되었다. 1973년, 모토로라의 엔지니어 마틴 쿠퍼Martin Cooper는 뉴욕의 거리에 서서 현대식 핸드폰mobile phone으로 처음으로 전화를 건 사람이 되었다. 무게가 1킬로그램을 살짝 넘고 배터리 수명은 20분에 불과했던 이 핸드폰은 안테나가 튀어나온 커다란 벽돌처럼 생겼다. 다시 십 년이 지나자 비로소 현재와 같은 핸드폰이 시장에 등장했다. 1973년 일본 NTT는 무선 이동전화 서비스를 출시했고 스칸디나비아 국가들과 미국도 1981년과 1983년에 동일한 서비스를 제공하기 시작했다. 문제는 가격이었는데, 최초의 보급형 핸드폰으로 여겨지는 모토로라의 다이나택DynaTAC은 4000달러를 호가했다.

1990년에 이르러 무선 이동전화 기술이 더 개발되고 가벼운 디바이스가 등장하자, 핸드폰은 현대 사회의 주류 테크놀로지로 널리 수용되었다. 최초로 디지털 스마트폰을 만들려고 시도했던 회사는 IBM이었다. IBM은 1993년 핸드폰, 삐삐, 팩스, PDA 기능을 하나로 묶은 사이먼Simon을 출시했다. 사이먼은 다양한 기능을 제공했다. 달력, 주소록, 시계, 계산기, 메모장, 이메일 기능도 있었다. 사이먼은 터치스크린을 탑재한 제품이었으나 입력에는 전자펜과 쿼티QWERT 키보드를 사용했다. 노키아와 에릭슨 같은 기업도 IBM을 따라 스크린의 아이콘으로 이용자들이 기능을 선택하는 방식의 기기를 개발하려고 뛰어들었다.

1997년 3월 팜 파일럿Palm Pilot도 스마트폰 개발 경쟁에 참여했다. PDA 개념은 애플이 1992년 뉴턴Newton이라는 제품을 통해서 이미 구현시킨 바 있었다. 당시에 애플을 포함한 여러 기업이 PDA를 출시하고 있었지만 팜이 개발한 뉴턴은 하룻밤 사이에 그야말로 거대한 반향을 불러일으켰다. 뉴턴의 특징은 이용자가 개인정보를 저장할 수 있고, 디바이스의 정보를 컴퓨터와 연동할 수 있다는 것이었다. 또한 뉴턴의 사용자들은 앱과 확장 프로그램을 설치할 수 있었다. 이후 출시된 몇몇 모델은 모뎀을 탑재했으며 인터넷 연결까지 가능해졌다. 그 결과 종이의 대체물로 기능하는 '픽셀pixel'이라는 것을 처음으로 이용할 수 있었다.

그렇지만 2000년대 초반까지 이동통신 서비스는 오늘날 당연시되는 점 대 점 연결point-to-point connectedness을 제공하지 못했다. 사실 오늘날을 기준으로 보자면 당시에 팔리던 스마트폰은 투박한 모양에 사용하기도 불편했다. 인터넷 연결은 느렸고 불안정했으며, 소프트웨어는 매끈하게 작동하지 않았고, 조작법도 난해하고 헷갈렸다. 그 당시의 핸드폰은 기껏해야 모바일 세계의 'T형 자동차(필수 기능 위주의 보급형 자동차: 옮긴이)'일 뿐이었다. 때로 인터넷 연결이 가능하기는 했지만, 당시 스마트폰은 오늘날 우리가 말하는 커넥티드 디바이스와는 상당한 격차가 있었다.

그렇지만 그 무렵에도 연결된 모바일 컴퓨팅 디바이스가 작동하기 위한 기반은 충분히 갖추어지고 있었다. 이동통신 네트워크는 개선되고, 와이파이가 보급되어 연결성도 점차 완성되어갔다. 스마트폰에는 이동통신 네트워크와 와이파이 연결을 모두 가능하게 하는 칩이 사용되었다. 아이폰의 등장으로 스마트폰 이용자 수는 급격하게 증가했다. 우리는 스마트폰으로 메시지를 발송하고 수신하고, 알림을 확인하고, 소셜 미디어에 글을 올리고, 앱으로 문서를 스캔하고, 명함을 교환하고, 녹음하고, 사진을 찍고, 바코드를 읽고, 다양한 형태의 데이터를 보낸다. 예전에는 개념으로만 존재했던 기능들이 갑자기 현실이 된 것이다.

동시에 클라우드 컴퓨팅cloud computing은 문서, 사진, 데이터를 다른 디바이스 간에 교환하고 연동하는 방식을 개선했다. 사람들은 전자 비행기 탑승권을 사용하고, 바코드로 호텔을 예약하고, 커피부터 창고 세일 물품에 이르기까지의 다양한 상품을 디지털 지갑digital wallet을 이용해 결제할 수 있게 되었다. 기업들의 업무 방식에도 큰 변화가 일어났다. 바코드 또는 수동으로 재고를 관리하던 종래 방식에서 벗어나 화물 지게차, 자동차, 기계장치, 도구 등을 분류하고 관리하는 과정에 RFID가 도입되었다. 공장이나 창고의 효율을 높이기 위한 방책으로 이런 변화를 택하기도 하고, 공급 체인을 효과적으로 관리하기 위한 목적으로 이를 수용한 기업들도 있었다.

그러나 RFID가 단순히 가격을 낮추고 이익을 높이는 것은 아니다. RFID는 물리적 세계와 가상 세계를 잇는 가교 역할을 한다. 전자기 복사를 사용하는 아주 작은 수동식 중계기 transponder 또는 배터리로 작동되는 극초단파를 활용한 수동형·능동형 태그를 이용하거나 칩을 설치한 후 RFID 리더기를 작동시키면 어떤 사물이라도 인터넷에 연결될 수 있다. 오늘날 RFID 기술은 스마트폰 앱을 통해 요금 징수, 무접촉 결제 시스템, 동물의 관리, 공항에서의 수하물 처리, 여권 정보 기입에 쓰이며, 마라톤 경주에서 선수들의 위치를 파악하고 골프 경기에서 공을 추적하기도 한다.

모바일 테크놀로지가 어떻게 모든 것을 변화시키는가?

물리적 사물을 태그하고, 스마트폰 이용자들을 잠재적 데이터 포인트data point로 삼는 모바일 테크놀로지의 능력은 광범위한 함의를 가진다. '진화적'이라는 단어로 모바일 테크놀로지를 설명하기는 부족하고, '혁명적'이라는 표현이 더 잘 어울린다. 수많은 사물과 기기로부터 데이터를 추출해내는 역량은 사람들이 더 많은 정보를 분석할 수 있게 돕고, 깊은 통찰력을 얻을 수 있도록 한다. 모바일 테크놀로지를 이용하면 단순히 경험에 기초한 추측에서 벗어나, 인간의 행동 패턴, 트렌드, 행동에 대한 광범위한 데이터를 활용할 수 있으므로 더 포괄적이고 정확한 분석을 할 수 있다.

커넥티드 디바이스가 특별한 것은 사용, 작동 행태, 상태에 관한 정보를 끊임없이 보고한다는 점이다. 간단히 말하자면, 커넥티드 디바이스는 얼마든지 분석되고 사용될 수 있는 엄청난 양의 데이터를 생산한다. 데이터의 입력을 인간이 담당하지 않고 기계를 통해서 취합한다면 데이터의 활용도는 무궁무진하다. 소셜 미디어에서 데이터를 추출하고, 크라우드소싱 기술을 이용하고, 센서를 통해 데이터를 수집하므로 커넥티드 디바이스의 역량은 데이터 활용성과 가능성에 신기원을 제시하고 있다. 자동화, 규칙, 분석, 인공지능이 결부된다면 커넥티드 디바이스의 역량은 배가되고 우리가 살아가는 세계를 이해하는 지능은 크게 향상될 것이다.

모바일 테크놀로지는 인간 뇌에 있는 중추신경계 같은 연결점을 지구촌의 모든 사물이나 지점에 생성할 수 있다. 스마트폰 등 휴대용 디바이스, RFID 태그, 기계 또는 인체에 이식된 센서들, 사물에 설치된 마이크로칩은 이전에는 상상조차 할 수 없던 방식으로 데이터를 측정하고 관리할 수 있게 해준다. 모바일 테크놀로지는 빌딩 및 주택들에 배관을 설치하고, 내부를 보강하는 데 소요되는 시간과 비용을 단축해주고 기타 발생 가능한 문제점을 미연에 예방하기도 한다. 브로드밴드 인터넷과 고속 이동통신 네트워크가 확산되면서 데이터 수집, 공유, 활용과 관련해 존재하던 한계들은 빠르게 극복되고 있다.

그러나 모바일 디바이스와 네트워크만으로는 사물인터넷을 구성할 수 없다. 디지털 기기에서 수많은 개인과 사업체가 이용하는 광범위한 전산망 혹은 데이터베이스로 데이터를 옮기는 작업은 매우 복잡하고 많은 비용이 소요되는 번거로운 작업이다. 고속도로망을 구축하는 데 단순히 도로와 표지판을 설치하는 것만으로는 불충분하고 주유소, 카페, 숙소 같은 편의시설이 필요하듯이, 사물인터넷도 시스템, 소프트웨어, 각종 도구를 필요로 한다. 이런 요소가 없다면 모바일 테크놀로지는 단지 몇 개의 이질적 테크놀로지의 모음일 뿐이므로 그 기능도 현저히 떨어지게 된다.

클라우드 컴퓨팅, 소셜 미디어, 빅데이터 등 이동성을 갖춘 다양한 종류의 테크놀로지의 교차점에서 각 테크놀로지는 서로에게 반영된다. 각 테크놀로지가 합쳐지면 궁극적으로 강력하고 폭넓은 플랫폼이 탄생한다. 마치 1 + 1 = 3 방정식과 유사하다. 그렇기 때문에 사물인터넷의 활용은 단순히 디바이스가 서로 연결된다는 의미에 머무르지 않고, 네트워크와 디바이스가 포용하는 전체 생태계가 생성되는 것이라고 할 수 있다. 이런 사물인터넷 생태계는 데이터의 흐름을 바꾸고 가치를 창출할 수 있다. ABI 리서치의 존 데블린John Devlin은 이렇게 말한다. "사물인터넷의 근본을 이루는 테크놀로지들은 이미 존재합니다. 그런데 퍼즐을 완성하려면 각 테크놀로지들을 어떻게 적절히 결합시킬 것인가를 이해해야 합니다."

『빅 스위치The Big Switch』의 저자 니콜라스 카Nicholas Carr는 1900년대 초반에 저렴하게 전력을 이용하게 되면서 비즈니스, 상업, 사회 전반에 엄청난 파급효과를 가져왔음을 지적했다. 예를 들어 엘리베이터가 발명되어 거대한 고층 빌딩들이 들어서면서 전 세계 도시의 풍경이 급진적으로 달라지기 시작했다. 간판이 세워지고 상점들이 저녁에도 영업을 할 수 있게 되었고 도시 환경도 크게 바뀌었다. 이동성과 클라우드 컴퓨팅도 전혀 새로운 변화를 가져올 가능성을 내포하고 있는 것이다.

클라우드가 만드는 미래

오늘날 우리는 다양한 종류의 컴퓨팅 클라우드를 흔히 접할 수 있다. 또한 이제 사람의 손길이 닿지 않은 인터넷 및 컴퓨팅 영역은 거의 존재하지 않는다. 서비스를 한순간에 켜고 끌 수 있다는 점에서 이런 환경은 오늘날 많은 이에 의해 유틸리티 컴퓨팅Utility Computing이라고 불린다. 여기에 그치지 않고 사용 패턴을 역동적으로, 실시간으로 조정하는 것도 가능하다. 클라우드 컴퓨팅은 데이터를 예전보다 더 효율적으로 처리하고, 전송하고, 동기화한다. 이런 환경에서 사물인터넷 전체를 모두 아우르는 데이터 저장 인프라를 단일한 주체가 구축하기는 어렵다. 어떤 기관이나 정부에서도 불가능한 일이다. 또 다른 변화는 응용프로그램 인터페이스API, 즉 응용프로그램들을 연결시키는 작은 프로그램을 이용해 얼마든지 유연하고 자동화된 환경을 구축하는 것이 가능해졌다는 것이다. 이런 소프트웨어는 각기 다른 디바이스와 시스템이 서로 소통할 수 있도록 하고 심지어 다른 기준이나 프로토콜을 따르는 디바이스와 시스템과도 소통할 수 있게 한다.

'클라우드'라는 용어는 광범위하게 사용되고 있지만 그 의미는 상황에 따라 각기 다른 맥락을 지닌다. 클라우드는 기본적으로는 인터넷 같은 거대 네트워크에서 작동하는 분산형 컴퓨팅distributed computing 환경을 일컫는다. 전형적인 사례를 들자면, 인터넷에 연결되어 있는 집합적 컴퓨터들은 플랫폼 또는 서비스로 기능한다. 그 형태는 소프트웨어, 하드웨어, 저장소 등 다양한 서비스라고 할 수 있는데 그 기능은 인터넷 및 사설 네트워크를 통해 전달된다. 호스트 서비스 또는 관리 서비스는 하나의 컴퓨터를 다수의 이용자가 동시에 사용하는 시분할 time sharing 시스템과 유사하다. 1950년대 등장한 시분할 개념은 최근 등장한 새로운 것은 아니다. 그러나 컴퓨터 연산 처리 역량, 대역폭, 소프트웨어의 급격한 발전은 클라우드라는 가상공간을 아예 재정의해야만 하는 수준의 변화를 일으켰다.

사물인터넷이 어떻게 형태를 갖추어가고 있으며 이동성 및 클라우드가 어떤 역할을 수행했는지 보여주는 예시로 피트니스 디바이스 분야에 일어나는 변화가 있다. 수년 동안, 달리기, 걷기, 자전거 운동 등을 즐기는 운동 애호가들은 자신의 활동을 기록하기 위해 연필과 종이를 사용해 수작업을 하거나, 발걸음 수와 거리 등을 인식하는 기능 또는 글로벌 지리 정보 시스템GPS을 탑재한 장치를 구매하는 수밖에 없었다. 최근 몇 년간 케이블이나 블루투스 같은 무선 기술을 사용해 운동 정보를 애플리케이션 또는 웹사이트에 동기화시키는 기능을 가진 디바이스가 출시되기도 했다. 그러나 이런 유형의 디바이스는 인터넷 연결성을 갖추긴 했지만 사물인터넷으로 가능한 기능들을 조악한 형태로 모아둔 형태에 불과했다.

지난 몇 년간 새로운 유형의 피트니스 디바이스가 출시되며 운동 기록 분야의 새로운 지평을 열었다. 예컨대 핏빗 손목 밴드는 걸음 수, 칼로리, 걸어 올라간 층의 높이, 활동 시간 등을 가속도 센서와 고도계 등 기계에 내장된 전자 장치를 통해서 기록한다. 그뿐 아니라 수면 패턴까지 기록하고, 유기 발광 다이오드OLED를 판독하는 블루투스를 사용해 스마트폰이나 컴퓨터와 주기적으로 연결해 클라우드에 데이터를 업로드한다. 이렇게 업로드된 정보는 클라우드에서 분석되고, 표와 그래프로 변환되어 웹사이트와 모바일 앱으로 전달된다.

그러나 이 손목 밴드는 계기판 역할만을 하는 것이 아니라 다양한 기능들을 갖추고 있다. 손목 밴드에 내장된 소프트웨어는 다른 앱과 연동되어 다양한 데이터를 송신한다. 이런 기능은 러닝머신, 실내 자전거 등의 운동기구에서도 인터넷에 연결만 되어 있으면 데이터를 받아볼 수 있게 한다. 심박계, 운동 루트 확인 및 식단 조절 앱 등 다양한 기기에서도 데이터를 볼 수 있다. 몇 년 전까지만 해도 전혀 상상할 수 없던 방식으로 다른 사용자들과 운동의 성과를 겨루거나, 몸무게의 감소폭을 기록하고, 건강을 증진시키는 방법을 학습하는 것도 가능해졌다.

이런 기능들에서 주목할 점은 단지 테크놀로지가 이처럼 세세하게 인간의 활동을 측정하고 기록하도록 발전되었다는 점이 아니다. 중요한 점은 각기 다른 서비스와 앱들이 하나의 생태계를 구성하고, 그 안에서 핏빗 등의 디바이스가 자유롭게 서로 연결된다는 사실이다. 그 결과 우리는 이동거리와 식습관, 영양 상태와 수면의 질에 이르기까지 개인의 하루 활동에 대한 매우 정확하고 영화처럼 생생한 기록을 손에 쥐게 되었다. 컴퓨터는 여러 디바이스 및 앱에서 수집한 데이터를 알고리즘에 집어넣어, 자세한 분석 결과를 실시간으로 이용자에게 제공한다. 모바일 테크놀로지와 클라우드 컴퓨팅, 커넥티드 시스템이 없었다면 이 모든 것은 불가능했을 것이다. 이용자들이 사용할 수 있는 데이터는 서로 연결되지 않은 상태의, 마치 따로 떨어진 섬과 같은 데이터가 전부였을 것이며, 거기서 얻을 수 있는 지식은 매우 한정적이었을 것이다.

사회적으로 연결되는 사물들

이동성과 클라우드는 사람들 간의 상호작용 및 거래 방식을 근본적으로 재설계하고 있다. 예를 들어 지난 십 년간 하나의 참신한 아이디어에 지나지 않던 소셜 미디어는 주류 현상으로 탈바꿈했다. 2014년 새해가 되고 나서 얼마 지나지 않아 13억 명이 넘는 사람이 매달 페이스북에 접속하고, 68만 명은 모바일 디바이스를 이용하는 것으로 집계되었다. 트위터는 6억 7500만 명에 달하는 사용자를 지니고, 하루 5800만 개 트윗이 생성되는 것으로 나타났다.

이런 사이트들은 어떤 임의의 글들의 단순한 총합에 그치지 않고 정치, 연예, 패션, 소비문화 등 다양한 분야에서 사람들의 행동과 트렌드, 행태를 실시간으로 보여주는 플랫폼으로 기능한다. 이런 사이트들이 제공하는 데이터는 예전과 전혀 다른 새로운 접점을 가진 연결된 세계를 창조한다. 컨설팅 회사 하버 리서치Harbor Research의 기술 및 비즈니스 개발 부문 담당자 글렌 어멘딩어Glen Allmendinger는 이렇게 말한다. "과거에 한 회사가 어떤 상품을 출시하면, 특별한 경우를 제외하고는 대부분의 상품들은 블랙홀로 빨려 들어가듯 순식간에 사라지는 운명이었습니다. 누가 무엇을 하고, 어떤 마케팅 기회가 있는지 알아낼 방법은 전혀 없었습니다." 그러나 오늘날에는 소셜 리스닝social listening 기법들을 통해 과거에는 포착하지 못했을 소비 패턴을 파악할 수 있게 되었다.

알고리즘을 도입하는 소셜 미디어 분석 애플리케이션의 숫자도 점차 늘어나고 있다. 알고리즘의 분석에는 어떤 웹사이트 및 웹페이지의 클릭 횟수 또는 방문자 수, 특이한 방문자들의 수, 코멘트들의 어조, 검색엔진에서 차지하는 랭킹 순위,

광고 연결 데이터, 온라인 토론, 영향력 있는 친구들 또는 팔로워 수, 개인이 사회적 공간에서 변화하는 태도나 감정 등 광범위한 요소가 포함된다. 여기에 추가적으로 어떤 웹 사이트들은 사용자가 핸드폰으로 입력한 데이터도 수집해 동시에 활용하고 있다. 소비자들이 어떻게 쇼핑하고, 식사하고, 여행하는지 더 잘 이해하기 위해 사용 시간에 대한 기록, 체크인 데이터, 위치 기반 데이터를 활용한다. 이런 사례들은 실시간 커뮤니케이션 기능과 센서를 갖춘 스마트폰이나 태블릿 PC 없이는 불가능하다.

군중을 따라가기

인적 요소human element 또한 크라우드소싱 분야의 주요 관심 분야다. 헬스케어는 모바일 테크놀로지와 빅데이터의 가장 큰 수혜를 받은 영역 가운데 하나다. 물리적 세계에서 질병 감염이 확산되는 양상과 사람들의 행동 경향은 거의 예측할 수 없을 정도로 가변적이다. 대중에게 질병의 치료법을 이해시키는 일은 쉽지 않다. 그러나 스마트폰과 클라우드, 크라우드소싱과 빅데이터 분석을 사용하면 복잡한 데이터를 자유롭게 활용할 수 있다. 연구자들은 평범한 바이러스 확산 양상부터 식습관 및 운동 습관이 비만과 의료비 지출에 미치는 영향을 파악하기 위해서도 모바일 테크놀로지를 활용한다. 크라우드메드CrowdMed처럼 온라인으로 진단을 제공하는 크라우드소싱 모델은 헬스케어 전문가들이 연구 주제를 다른 전문가들과 함께 상담하고, 몇 분에서 몇 시간 이내에 답변을 받을 수 있도록 하고 있다.

크라우드소싱과 사물인터넷은 광범위한 영향력을 행사하고, 많은 사람들의 삶에 영향을 끼칠 잠재성을 가지고 있다. 『크라우드소싱: 대중의 창조적 에너지가 비즈니스의 미래를 바꾼다 Crowdsourcing: Why the Power of the Crowd Is Driving the Future of Business』[4]의 저자이자 2006년 크라우드소싱이라는 용어를 처음으로 만든 제프 하우Jeff Howe는 이렇게 말한다. "테크놀로지 발전은 아마추어와 전문가의 경계를 나누었던 비용 장벽을 무너뜨리고 있습니다. 취미나 오락 삼아 활동하거나, 파트 타임으로 관심을 쏟던 사람들이 노력의 대가를 얻을 수 있는 시장이 갑자기 열렸습니다." 하우에 따르면 크라우드소싱은 예전에는 활용할 수 없었던 개인들이 가진 지식과 전문성을 서로 결합해 활용 가능하게 만드는 방식이다.

또한 도시를 운영하는 행정가들은 도로에 움푹 파인 구멍이나 다른 문제를 시민들이 스마트폰으로 알릴 수 있는 앱을 도입하고 있다. 구호 기관들도 구호물자와 원조를 어느 지역에 집중해서 배분할 것인가를 결정하기 위해 크라우드소싱을 이용한다. 예컨대 2008년 케냐, 가나, 남아프리카공화국, 말라위, 네덜란드, 미국 개발자들이 공동으로 제작한 소프트웨어 플랫폼 우샤히디Ushahidi가 그 사례다. 전 세계에서 활동하는 자원 봉사자들은 우샤히디를 사용해 자연재해 상황에서 정치적 소요까지 다양한 문제를 파악할 수 있다. 그 결과 실시간으로 업데이트되는 시각 자료, 위치 공간에 대한 정보, 정교한 크라우드매핑crowd-mapping(클라우드 협업을 통해 특정한 주제의 지리적 데이터를 취합해 시각화하는 작업: 옮긴이) 기능을 제공하는 매시업mashups(웹으로 제공되는 정보와 서비스를 활용해 새로운 소프트웨어나 서비스, 데이터베이스를 만드는 작업: 옮긴이)이 가능해졌다.

앞에서 언급한 역량들은 전통적인 데이터 수집과 활용 방법을 혁신했다. 수천 명에서 수백만 명에 이르는 사람들과 디지털 디바이스들이 데이터를 수집하는 비용은 인터넷과 비용이 적게 드는 테크놀로지(스마트폰 등) 덕분에 획기적으로 감소했다. 연결성을 가로막던 장애물도 극복할 수 있게 되었다. 과거 종이, 우편물, 수개월 간의 도표 작성이 필요했던 작업은 이제 몇 분 이내에 끝날 수 있다. 또한 환경적 조건과 행태의 변화를 즉각적으로 데이터에 반영하는 것도 가능하다.

빅데이터의 활용

스마트폰이나 태블릿 PC에 들어간 칩과 센서에 인간이 무의식적으로 입력하는 정보는 엄청난 양의 데이터를 생산한다. 거기에다가 다수의 기관들이 수십 년 전부터 축적해온 데이터베이스와 기록 등에서 뽑아낸 현존하는 데이터를 추가하면 데이터 활용에 새로운 지평이 열리게 된다. 거대 네트워크 기업 시스코 시스템스가 조사한 바에 따르면, 모바일 데이터는 매년 61%씩 증가하고 있고 데이터 전체 양은 50~60%씩 늘어나고 있다.[5] 다국적 데이터 회사들은 2020년 즈음에는 전 세계에 축적된 데이터 총합이 40제타바이트에 달할 것으로 예측하고 있다(1024테라바이트는 1페타바이트, 1024페타바이트는 1엑사바이트, 1024엑사바이트는 1제타바이트다. 1제타바이트는 한 사람이 35년 동안 쉬지 않고 감상할 수 있는 DVD 2500억 개가량의 용량이다). 이를 개인별로 나눈다면 6테라바이트인데 6테라바이트는 300만 권의 책에 담긴 데이터의 용량이다.[6]

빅데이터는 유행어가 되었다. 빅데이터는 데이터베이스에 저장된 '구조적 데이터'와 데이터베이스 이외의 공간에 존재하는 '비구조적 데이터'에서 생성된 데이터 세트를 수집, 저장, 활용하는 것이다. 여기서 말하는 데이터 세트에는 메시지, 텍스트 문서, 사진, 비디오 이미지, 오디오 파일, 소셜 미디어 등이 포함된다. 가트너의 분석가 더그 래니Doug Laney는 2001년 빅데이터의 특성을 짧지만 효과적으로 설명했다. 그에 의하면 빅데이터는 양volume, 속도velocity, 다양성variety이라는 세 가지 주요 요소로 구성된다. 양은 말 그대로 데이터의 막대한 분량을 의미하며, 속도는 데이터가 생산되고 사용되는 속도를, 다양성은 현존하는 데이터 종류의 폭을 일컫는다.

천문학, 기상학, 석유, 가스 탐사 등의 분야에서는 문제를 해결하고 모형을 구축하기 위해 거대한 데이터 세트를 오랜 기간 활용해왔다. 그런데 사물인터넷 활용은 데이터 양, 속도, 다양성 및 데이터 출처를 기하급수적으로 증가시킨다. 사물인터넷이 개입하는 순간, 데이터 수집은 단지 컴퓨터를 이용해 데이터를 데이터베이스에 말끔하게 저장하는 것에 머물지 않으며 그 이상의 가치를 가지게 된다. 사물인터넷이 적용되는 영역은 인공위성, 주차료 징수기, 자판기, 텔레비전, 은행 단말기, 주유기, 음식, 가전제품, 전등 스위치, 화장실, 슈퍼마켓 선반 등 매우 광범위하다. 사물인터넷의 범주는 클라우드 및 실시간 분석 시스템에 데이터를 스트리밍할 수 있는 모든 대상을 포함한다.

우리에게 당면한 도전은 적절한 데이터를 확인하고 데이터 세트에 넣어서 효과적으로 활용하는 것이다. 거대한 빅데이터 가운데 상황에 적합한 데이터를 체로 쳐내듯 걸러내 활용하는 역량이야말로 커넥티드 디바이스의 잠재력을 완전하게 실현하기 위한 요소다. 디지털 컨버전스와 사물인터넷의 발달 덕분에 더그 래니가 주장한 3V(volume, velocity, variety)의 중요성은 점차 커지고 있다. 이런 상황에서 기업들은 데이터 분석 속도와 활용 속도를 증가시키는 것이 매우 중요하다는 점을 깨닫게 될 것이다. 빅데이터의 활용과 관련해 기업들은 더 신속하고 현명한 판단을 내려야만 할 것이다.

새로운 테크놀로지의 물결이 다가옴에 따라서 우리는 세상을 훨씬 더 포괄적이고 구체적으로 이해할 수 있는 방법을 갖게 되었다. 정교한 소셜 리스닝 시스템, 크라우드소싱 모형, 커넥티드 센서와 디바이스는 극히 세밀한 수준의 분석을 제공하므로 날씨 예측의 정확성이 개선되고, 신속한 혁신을 바탕으로 더 민첩하게 제품을 생산하는 모형이 개발될 것이다. 데이터를 이용해 더 좋은 품질의 상품을 만들어 효과적으로 광고하고, 의류 생산 라인을 변경하거나 식당의 새로운 메뉴를 빠르게 출시하는 일도 가능하다. 판매자와 소비자들 간의 상호작용도 급격히 변화하고 있다.

다가오는 미래의 모습

부인하기 어려운 사실은 모바일 디바이스가 앞으로 몇 년, 몇 개월 이후에 더욱 스마트해질 것이란 점이다. 오늘날 스마트폰은 이미 기초적 '청각'과 '촉각'을 보유하고 있다. 스마트폰에는 마이크, 카메라, GPS 칩, 가속도계, 자이로스코프 등 센서들이 내장되어 있어 환경 변화에 따른 반응이 가능하다. 이러한 기능들은 스마트폰을 더 지능적으로 만든다. 오늘날 스마트폰은 단순한 전화기를 넘어 세상을 바꾸는 다기능의 컴퓨터가 되었다.

머지않은 미래에 스마트폰은 '후각'과 '미각'도 지니게 될 것으로 보이며, 주변 환경을 인식하는 수준도 높아질 것으로 기대된다. 이 덕분에 더 이상 핸드폰은 멍청하게 극장에서, 또는 낮잠을 즐기는 중에 울리거나 진동해서 우리를 방해하지 않을 것이며, 더욱 스마트한 기능도 추가될 것이다. 예를 들어 기온과 습도를 인식하고, 블루투스로 심장박동 수와 혈압을 재는 기능은 사용자의 운동 성과와 건강 전반에 대한 깊은 통찰을 제공할 것이다. 날씨 예보자도 이런 기능을 통해 기상 환경에 대한 더욱 자세한 정보를 입수해 지금보다 훨씬 더 정확한 날씨 예보를 전할 수 있게 될 것이다.

이런 활용성은 결코 상상이 아니며, 가까운 미래에 충분히 실현 가능하다. 샌프란시스코에 위치한 아다만트 테크놀로지 Adamant Technologies는 후각과 미각을 디지털화하는 작은 프로세서를 개발하고 있다. 인간의 코가 고작 400여 개의 센서를 지닌 데 비해 이 시스템은 2000여 개의 센서를 이용해 향기와 맛을 감지해낸다. 이 시스템은 사용자에게 입 냄새가 나는지, 혈중 알코올 농도가 허용치보다 높은지 또는 낮은지 등을 알려줄 수 있을 것이다. 스마트폰에 부착된 디지털 코는 언젠가는 사용자의 건강 상태와 음식의 산패 정도까지 감지할 수 있게 될 것으로 기대된다.

여기에 그치지 않고 크라우드소싱이나 자동화된 데이터 수집 방법을 통해 공중보건 분야의 공공기관이 더 많은 정보를 습득할 수 있게 된다면, 시중에 유통되는 식료품의 오염 정도를 파악할 수 있을 것이다. 식료품이 RFID로 태그가 되어 있다면, 제조업자 및 상점들이 상한 상품을 즉각적으로 발견해 선반에서 치울 수 있게 되어 식중독 등 질병 확산을 획기적으로 감소시킬 것이다. 비슷한 방식으로 감각 기능이 내장된 핸드폰은 온라인 상태에서 소비자가 섬유의 감촉을 느낄 수 있게 할 것이다. 스마트폰 앱은 사용자가 그 어떤 것이든 ─나무에서 마야 문명의 피라미드에 이르기까지─ 카메라에 찍힌 사물들을 만지고, 관련 정보를 얻을 수 있는 증강현실augmented reality, AR을 구현할 것이다.

스마트 시계와 스마트 밴드 같은 스마트 의류에서 구글 글라스Google Glass 같은 스마트 안경까지 다양한 웨어러블 기술이 이미 모양새를 갖추어나가고 있다. 스마트 디바이스는 사물인터넷에도 확장되어 그 기능을 높이고, 데이터 접근성을 더 확대할 것이다. 또한 각종 방해 요소와 메시지를 확인하기 위해 핸드폰을 주머니나 지갑에서 꺼낼 필요도 사라질 것이다. 전자 섬유와 웨어러블 제품들은 신체 기능뿐 아니라 주변 환경의 열기, 적외선, 화학물질, 알레르기 유발 물질과 독성 등의 감지 기능을 가지게 될 수도 있다. 사실 나이키, 아디다스 등의 기업은 이미 센서를 부착한 신발 및 의류 제품을 출시한 바 있다.

무궁무진한 가능성은 여기에서 그치지 않는다. 블루투스와 근거리 무선통신, RFID 등의 무선 기술을 이용해, 연구자들은 무너진 건물, 산업 장비, 인간의 신체를 들여다볼 수 있는 나노센서와 광섬유를 개발하고 있다. 또한 서로 커뮤니케이션하면서 상황을 인식하는, 몇백만 개에서 몇십억 개에 달하는 스마트 객체 및 센서 네트워크에 대한 관심도 커지고 있다. 스마트 센서 네트워크는 물품을 주문한 이후에 몇 분 내에 배달 드론들이 배달을 완료할 수 있도록 하는 등 효율성을 극대화할 것이다. 나아가 사용자가 올바른 작동법과 안전 수칙을 준수하고 있는지 확인하고, 부적절한 작동을 자동으로 차단할 수 있는 스마트 디바이스와 스마트 자동차의 개발도 가능해질 것이다.

이 책에서는 사물인터넷의 발전과 새롭게 출현하는 테크놀로지들을 다룰 것이다. 간략하게 요점을 미리 말하자면, 완전한 연결성이 실현된 미래의 윤곽이 점차 드러나고 있다는 것이다. 이 미래에서 모바일 테크놀로지는 태양과 같고 기타 기술들은 태양 주변을 공전하는 행성들과도 같을 것이다. 특히 소비자 영역에서 점차 증가하는 커넥티드 디바이스와 시스템은 확실히 우리 삶의 방식, 일하고 소통하는 방식을 상상할 수 있는 가장 심오한 방식으로 변화시킬 것이다. 우리는 이제 막 여행의 출발점에 섰을 뿐이다.

3

산업인터넷의 등장

사물인터넷이 이끄는 산업

사물인터넷의 중심에는 산업인터넷이 있다. 산업인터넷은
연결성을 갖춘 디바이스와 데이터 기반의 인프라를 제공한
다. 제네럴 일렉트로닉스GE가 확산시킨 '산업인터넷Industrial
Internet'이라는 용어는 사물인터넷을 가능하게 하는 기계, 센서,
소프트웨어, 통신 시스템 간의 통합을 의미한다. 산업인터넷
은 빅데이터, 기계 학습, 기계-기계M2M의 연결성 분야에서 작
업 과정과 테크놀로지를 통합한다.

어떤 이들은 연결성이 심화된 사업 환경을 주목해 '제4차
산업Industry 4.0'이라고 부르기도 한다. 역사적으로 앞서 진행되
었던, 기계화로 일어난 대량생산, 컴퓨터 및 전자 기기의 등
장, 스마트 산업 또는 스마트 제조업에 이어 네 번째 파괴적인
산업 혁신은 바로 연결성의 심화에 근거하고 있다. 각 기업은
이 혁신에 자신만의 명칭을 붙이기도 한다. 예컨대 IBM은 이
런 흐름을 '스마트 플래닛Smart Planet'이라는 명칭으로 부르고,
시스코 시스템스는 '사물인터넷'이라고 명명했다.

어떤 용어를 사용하든 테크놀로지와 비즈니스 간의 혁신을
위한 프레임워크framework는 본질적으로 동일하다. 산업인터넷
을 사물인터넷의 구성 요소로 보거나 사물인터넷과 구별되는
독립적인 개체로 보는 시선도 존재하지만, 본질적으로 양자의

시각 모두 동일한 기술적 기반과 가상현실을 공유하고 있다. 산업인터넷과 사물인터넷 모두, 어떤 단일한 기계나 디바이스가 생산하는 양보다 훨씬 더 고차원적인 지능을 구현하기 위해서 현실 세계와 가상 세계 사이의 경계를 허물고자 하는 목표를 갖고 있다.

지금까지 산업인터넷은 주로 스마트 유틸리티 미터smart utility meter, 차량과 자산 위치 추적, 공장과 시설, 기계의 성능 향상에 집중되어왔다. 그러나 향후 몇 년간 현존하는 디지털 디바이스는 기계와 더 깊고 넓은 관계를 맺게 될 것이다. 산업인터넷은 점차 증가하고 있는 소비자 디바이스 및 시스템의 토대가 될 것이다. 이에 대해서는 다음 장에서 자세히 살펴보겠다.

맥킨지McKinsey&Company가 2010년에 작성한 「사물인터넷The Internet of Things」[1]이라는 보고서에는 다음과 같은 내용이 있다.

오늘날의 정태적 정보 아키텍처에 기초한 비즈니스 모델들은 새로운 가치 창출 방식이 등장하면서 위기에 직면하고 있다. 만일 특정한 장소에서 소비자 선호가 실시간으로 감지된다면 가변적 가격dynamic pricing을 제시해 구매 확률을 높일 수 있다. 잠재적 사용자가 상품을 얼마나 자주, 많이 사용하는지 알 수 있다면 판매자는 판매sales에 집중하는 것이 아니고 사용료fee를 제시하는 등 추가적인 선택을 할 수 있다. 제조 공정에 많은 센서가 활용된다면 더 세밀한 통제가 가능해지고 이는 효율성 증대로 이어진다. 위험 요소를 피하기 위한 작업 환경의 지속적인 감독이 가능하거나 손상 방지를 위해서 사물들이 조치를 취할 수 있다면 위험과 비용은 감소한다. 이런 사물인터넷 역량을 충분히 활용하는 기업은 그렇지 못한 기업에 비해 더 많은 수익을 창출할 것이다.

데이터가 중요하다

가장 기본적으로 사물인터넷과 산업인터넷은 데이터에 관련된 것이고, 데이터에서 그 가치를 추출한다. 편재형 컴퓨팅pervasive computing과 유비쿼터스 네트워킹ubiquitous networking 덕분에 지구촌 구석에 이르기까지 비트bit와 바이트byte는 실시간으로 이동할 수 있다. 데스크톱 컴퓨터, 노트북, 태블릿 PC, 스마트폰 등 지금 이 순간에도 계속 늘어나는 수많은 기기는 데이터 수집·공유·이용을 위한 도관 역할을 하며 데이터 총량의 증가에 기여한다. 병원의 인슐린 펌프에서 집안의 전등 시스템까지 많은 커넥티드 디바이스들은 궁극적으로 데이터에 의존한다. 즉, 커넥티드 디바이스를 작동하기 위해서는 데이터가 필요하며, 어떤 결정을 내리는 데 피드백을 제공하기 위해서도 역시 데이터가 필요하다.

데이터 과학자들은 '완전 정보의 가치value of perfect information'라는 용어를 만들어내기에 이르렀다. '완전 정보의 가치'는 깊은 통찰이 가능하도록 데이터 포인트, 데이터 수집, 데이터 분석을 조절할 수 있는 상태를 의미한다. 완전 정보 상태에 도달하기는 쉽지 않은데, 모든 변수를 적절한 방식으로 계산에 넣는 알고리즘을 설계하는 것이 엄청나게 어렵기 때문이다. 예컨대 날씨 예보에는 아주 자세한 수준까지 데이터를 수집하고, 관련된 데이터를 구별하며, 이렇게 얻은 데이터를 정교한 알고리즘을 통해 이해하는 작업이 요구된다. 과학자들이 적절한 시스템과 소프트웨어, 충분한 전산 능력을 가지고만 있다면 이론상으로는 100% 정확한 날씨 예보를 할 수 있다. 그러나 이론과는 달리 이를 실제로 수행하는 일은 앞서 말했듯이 엄청난 어려움을 동반한다.

적어도 현재는 날씨든 농업이든 제조든, 건강관리나 교통수단이나 주식시장이든 어떤 복잡한 사건을 완전히 파악하기에는 너무 많은 변수와 한계가 존재한다. 그러므로 이런 상황에서 데이터 과학자들은 완전한 모델을 만들려고 노력하기보다는, 현재 보유한 빅데이터와 분석 기법을 이용해 최선의 모델을 구축하는 작업에 집중하고 있다. 여기에는 어떤 사건이 발생하기 전에 이를 예측하는 예측 분석도 포함된다. 예컨대 은

행은 고객이 언제쯤 주거래 은행을 바꿀지를 예측하거나, 새 차를 마련하려는 생각은 있으나 아직 쇼핑을 시작하지 않은 고객을 찾아낼 수 있을 것이다. 그뿐 아니라 기계의 부품이 언제 고장날지 예측하거나 특정 소비자가 어떤 상품을 구매할지도 알 수 있게 될 것이다.

연결된 기계들과 사물들이 모으는 데이터의 흐름은 기하급수적으로 증가하고 있다. 데이터 관리 기업 와이프로Wipro의 보고서 「빅데이터: 제조업의 역량을 촉진하기Big Data: Catalyzing Performance in Manufacturing」에 따르면, 보잉737기가 뉴욕에서 로스앤젤레스까지 날아가는 여섯 시간 동안 무려 120테라바이트라는 엄청난 양의 데이터가 수집된다. 이렇게 수집된 데이터는 즉시 보잉737기에 저장된다.[2] 주목할 만한 사실은 이 데이터를 통해 비행기 엔진의 성능과 상태를 알 수 있다는 점이다.

그러므로 데이터가 주요한 경제적 자산으로 떠올랐다는 사실은 전혀 놀랍지 않다. 정보 기술 컨설팅 기업 가트너는 정보 자산이 향후 몇 년 안에 기업들의 대차대조표에 등장하게 될 것이라고 예측한 바 있다. 새로운 화폐로 떠오른 데이터는 주식 평가, 인수 합병 등 여러 가지 비즈니스에서 큰 변화를 가져올 것이다. 그러나 데이터가 가지는 경제적 가치는 자산적 가치에 한정되지 않는다. 맥킨지 글로벌 연구소McKinsey Global Institute는 빅데이터가 제조업에서 상품 개발 비용을 50% 이상 감소시킬 것으로 예측했다.[3] 엄청난 수의 데이터 포인트를 세세히 조사하는 능력을 가진 분석 소프트웨어는 품질 및 서비스 격차를 포착하고, 운영 비용을 감소시킬 뿐만 아니라 기계와 인력에 대한 투자를 대하는 기관들의 관점을 완전히 달라지게 만들 수 있다.

많은 기관들이 점차 빅데이터를 넓게 활용하면서 비즈니스의 지평에 변화가 일고 있다. 비록 데이터베이스와 소프트웨어 응용프로그램, 비구조적 데이터 흐름이 엄청난 통찰을 제공하고는 있지만, 아직 그 누구도 건드리지 않은 지구 전체의 물리적 데이터 영역data sphere에 비하면 데이터 소스로서의 의미는 미미하다. 지금까지 이 데이터를 측정·수집·가공할 방법은 전혀 없었다. 이런 정보는 전파와 자외선 등 얼핏 보기에 확인되지 않는 신호들처럼 우리의 감각을 초월한 영역에 존재하며, 현존하는 디바이스로는 인식이 불가능하다. 미지의 정보는 우리가 전자기파를 탐지하는 디바이스와 시스템을 개발하기 전까지는 무용한 상태로 남아 있을 것이다.

사물인터넷은 데이터 포인트data point의 수를 거듭 제곱의 규모로 증가시킨다(데이터 포인트가 많으면 샘플링 수가 늘어나므로 정확도가 향상된다: 옮긴이). 언제 어디서나 존재하는 연결성, 저비용 센서, 쉽게 사용 가능한 미소 전자공학 덕분에 이제 거의 모든 사물을 인터넷에 연결할 수 있다. 우유팩, 도로, 다리, 차량, 나무, 기계, 의료 기기, 동력 장치까지 모두 데이터 포인트로 변한다. 이렇게 교차되는 데이터는 우리에게 완전히 새로운 통찰과 기회를 제공한다.

센서를 통해서 모이는 데이터

센서는 산업인터넷에서 중심적인 역할을 한다. 지난 몇 년 동안 급속도로 진보한 소형화 기술은 과거에는 손댈 수 없었던 자연환경의 영역을 관찰할 수 있도록 만들었다.

오늘날 데이터 입력 포인트와 커넥티드 시스템의 목록에는 매우 다양한 항목이 존재한다. 몇 가지 사례를 들자면 지리적 위치 정보geolocation와 GPS 장치, 바코드 스캐너, 온도 조절계, 기압계, 습도계, 진동 센서, 압력 센서, 자이로스코프, 자력계, 카메라, 오디오, 비디오 모니터, 가속도계, 동작 감지용 센서, 레이더, 소나, 라이다lidar(레이저 펄스를 쏘고 반사되어 돌아오는 시간을 측정해 반사체와의 거리, 반사체의 방향·속도·온도 등을 감지하는 레이더: 옮긴이) 등이 있다. 라이다 센서는 '구글 운전기사Google Chauffeur'로 불리는 70만 대의 자율주행차Autonomous Vehicles들에 이미 적용되었다.

그러나 센서를 이용한 데이터 수집만으로 불충분하며, 데이터를 관리하고 분석할 수 있는 컴퓨터, 저장 시스템, 소프트웨어가 필요하다. 커넥티드 시스템에서 응용프로그램에 데이터 접근성을 부여하기 위해 주로 사용하는 것은 응용프로그램 인터페이스Application Program Interface, 즉 API다. API는 소프트웨어 구성 요소로 각종 디바이스와 소프트웨어 프로그램을 서로 연결해 데이터 교환 등 상호작용을 규정하는 역할을 수행한다. 커넥티드 시스템은 API를 사용해 백엔드backend 프로세싱을 가능하게 하고 그 결과 데이터 마이닝, 얼굴 인식, 통번역 시스템 등이 구현된다. 예를 들어 어떤 시스템은 상점을 찾아오는 고객들의 표정을 분석해 적당한 상품을 추천할 수 있다. 사용자가 외국어로 쓰인 표지판이나 메시지를 사진으로 찍으면 즉시 통역해준다. 커넥티드 시스템은 사용자가 어떤 사물, 예컨대 에펠탑을 사진으로 찍으면 그 정보를 즉시 제공하는 증강현실을 만들어낸다. 증강현실은 원본 이미지 위에 반투명한 프린트가 겹쳐서 나타나거나 구글 글라스 같은 스마트 글라스의 디스플레이에 이미지가 펼쳐진다.

커넥티드 시스템의 활용 가능성은 무궁무진하며, 이를 비즈니스에 도입했을 때 얻어질 이익도 막대할 것으로 예상된다. 맥킨지의 컨설턴트 마이클 추이Michael Chui, 마커스 뢰플러Markus Löffler, 로저 로버츠Roger Roberts는 산업 분야에 적용된 사물인터넷은 완전히 새로운 기회의 물결을 가져올 것으로 보았다. 맥킨지의 「사물인터넷The Internet of Thing」[4] 보고서에는 다음과 같은 분석이 등장한다.

정보의 예측 가능한 경로는 변화하고 있다. 즉, 물리적 세계가 정보 시스템으로 탈바꿈하고 있는 것이다. 네트워크에서 엄청난 양의 데이터 흐름이 생산되며 이 데이터는 컴퓨터로 흘러들어가서 분석 대상이 된다. 객체들이 환경을 감지하고 상호 간에 커뮤니케이션할 수 있다면 복잡성을 이해하고 빠르게 대응할 수 있도록 돕는 도구로 기능하게 된다. 이 가운데 가장 혁명적 변화는 현재 물리적 정보 시스템physical information systems이 전개되고 있다는 점이다. 물리적 정보 시스템 가운데 일부는 인간의 개입 없이도 스스로 작동한다.

어떻게 이런 모든 모습이 비즈니스의 최전선에서 실행되는가? 기계가 생성하는 데이터는 현재 보유한 전체 데이터의 15%에 해당하지만 10년 이내에 이 수치는 50%까지 상승할 것이다. 센서가 내장되어 있고 서로 연결되어 있는 디바이스는 정보 자산intelligence asset에 해당한다. 정보 자산은 매개변수parameter를 읽고, 정보를 이용하고, 행태를 통제하고, 건강 상태를 모니터링할 것이다. 사물인터넷은 산업 및 상업 영역에서는 엄청난 이익을 가져다줄 것이다. 연료비가 단 1% 줄어들거나 시스템 비효율이 개선되어 자본 지출이 감소하면, 수백억 달러에서 수천 억 달러가 절약될 수 있다. 산업인터넷은 수십 조 달러에 이르는 경제적 활동을 창출할 것으로 전망된다.

모든 것을 바꾸는 연결된 세계

산업인터넷의 주요한 기능들은 다음과 같으며 실제 사용에 있어서는 그 요소들이 중첩되는 경향을 보인다.

장소 인식

카메라, 센서, 인공위성 같은 디바이스 덕분에 이동 및 움직임을 파악할 수 있게 되었다. 이렇게 이동하는 장소에 대한 자동적인 인식location awareness을 통해서 수집된 데이터는 우리가 사는 세계를 정의한다. 디지털 카메라는 사진을 통해 위치 정보에 대한 데이터를 기록하고, 송신탑은 핸드폰을 이용하는 사용자가 지나가는 정확한 순간을 포착한다. 카드 리더기와 이지패스E-Z pass 등 전파 송수신transponder 시스템은 톨게이트를 지나는 즉시 요금을 자동으로 징수한다. 페이스북, 트위터, 레스토랑의 리뷰를 제공하는 엘프Yelp 등 소셜 미디어 앱은 사용자가 자신의 '상태'를 언제 업데이트하고 체크인하는가를 기록한다. 또한 GPS 칩과 인공위성은 비행기, 기차, 자동차가 어떤 위치에 있는가를 정확하게 파악한다.

지구 상공을 도는 인공위성이 처음 고안된 것이 1950년대였다. 뒤이어 위성 위치 확인 시스템Global Positioning System이 가능해졌다. 이 시스템이 가동된 지 이미 20년이 지났지만 정확한 위치를 파악하는 것은 여전히 어렵다. GPS는 정확한 위치 파악이라는 퍼즐 세트를 맞추기 위한 퍼즐 한 조각일 뿐이다. 정확한 위치 파악을 위해서는 미디어 접근 통제MAC 주소를 가진 연산 기기, 인터넷 등 네트워크 내의 IP 주소, 근거리 통신망에서의 위치를 의미하는 이더넷 주소, 물리적 세계와 가상 세계의 가교 역할을 하는 RFID 태그 등의 센서가 필요하다.

스마트폰은 이런 새로운 사물인터넷 질서를 완성시키는 마지막 퍼즐 조각이라고 할 수 있다. 스마트폰은 GPS 칩과 기지국 삼각측량을 활용해서, 빌딩 등 장애물 때문에 이동통신 신호가 약할 때는 로컬 와이파이 데이터나 GPS가 내장된 스마트폰에 사용되는 A-GPS(Assisted GPS)를 이용해 지속적이고 안정적으로 데이터를 수집한다. 이처럼 스마트폰은 여러 종류의 네트워크를 이용해 사용자 위치를 파악해 각종 디바이스에 전달한다.

실시간 위치 추적 시스템real-time location systems, RTLS은 이미 여러 산업 분야와 비즈니스에서 널리 사용되고 있다. 다음은 그 가운데 일부다.

- 이동통신 기술과 GPS 기반의 내비게이션 시스템은 한 지점 에서 다른 지점으로 이동하는 트럭, 선박, 그리고 비행기의 위치를 파악하는 데 널리 사용되고 있다.

- 선박 위치 추적 시스템은 물류 및 운송 기업이 최적의 경로를 선택할 수 있도록 하고, 운전자의 효율성을 분석하며, 선박의 위치와 속도를 파악하고, 연료비 및 관리비에 대해 깊이 이해 할 수 있도록 한다.

- 주로 RFID에 기반을 둔 재고 및 자산 추적 시스템은 물리적 자산과 공급 체인에서의 흐름을 이해하도록 돕는다. 십 년이 넘는 기간 동안 소매업자들은 이 시스템을 화물 운반대, 또는 상품 케이스에 장착해 이동 중인 상품의 위치를 파악해왔다. 그러나 이제 소매업자들은 각 상품에 RFID를 장착한다. 이런 새로운 방식은 시스템을 훨씬 더 견고하게 유지시키며, 다양 한 새로운 기능의 출현을 가능하게 한다.

- 실시간 위치 추적 시스템은 개인 추적 및 인증에도 사용된다. RFID 기술이 적용된 배지, GPS와 위치 파악 서비스가 제공되

는 스마트폰 앱 등의 도구를 이용하면 어떤 사람의 위치도 즉시 파악할 수 있다. 이 기술은 안전시설과 연구실 등에서 널리 사용되고 있다. 이 기술을 사용하는 곳 중에는 엄격한 개인 인증과 접근 제한이 있는 정부 기관과 군사 기지도 있다.

실시간 위치 추적 시스템이 사물인터넷에서 수행하는 역할을 보여주는 좋은 사례는 오리건 헬스 사이언스 대학OHSU에서 찾아볼 수 있다. 오리건 주 포틀랜드에 위치한 이 대학은 위치 정보 시스템을 개발하기 위해 의약품 주입 펌프부터 목발까지 다양한 물품에 태그 작업을 했다. 태그를 활용하면 디바이스와 관련한 수행 데이터performance data를 추적할 수 있다. 그뿐만 아니라 물건의 위치를 찾는 시간을 줄여주고, 디바이스가 정상적으로 명령에 따라 작동하는가도 확인할 수 있다. 오리건 헬스 사이언스 대학은 여기에 그치지 않고 환자와 의사들에게 태그를 부착해 그들이 어디서 시간을 보내고 시설 안에서 어떻게 움직이는지, 환자의 진료 대기 시간은 얼마인지에 대한 정보를 얻으려 한다. 데니스 민센트Dennis Minsent는 "실시간 위치 추적 시스템으로 병원을 더 효율적으로 운영할 수 있는 방법을 찾아냅니다"라고 말한다.

호놀룰루에 위치한 하와이안 레거시 하드우드Hawaiian Legacy Hardwoods는 하이테크high-tech 시스템을 통해 로테크low-tech 목재

사업과 친환경 관광산업을 변화시켰다. 2010년부터 이 기업은 25만 그루가 넘는 나무들에 수동 RFID 및 GPS 좌표를 이용해 태그 작업을 했다. 이런 방식으로 축적된 데이터베이스에는 종자의 재고 상태, 거름과 물 주기 스케줄 등 다양한 정보가 포함된다. 이 기업은 오랜 시간에 거쳐 데이터베이스에 정보를 추가해왔고 이렇게 축적된 정보를 기반으로 작업 방식을 점차 변화시켰다. 이 회사의 CIO 윌리엄 길리엄William Gilliam은 이렇게 말한다. "이 데이터베이스를 통해 우리는 나무에 대한 거의 모든 정보를 파악할 수 있게 되었습니다. 우리는 스캔, 기록, 로그 작업만 하면 됩니다."

애플의 아이비콘iBeacon(근거리 내에 감지되는 스마트 디바이스에 각종 정보를 제공하는 무선통신 디바이스: 옮긴이) 같은 기술은 사람들의 쇼핑 방식을 바꿔놓을 만큼 풍부한 가능성을 제시한다. 이런 기술을 통해 소매업자는 가게를 방문한 고객이 이동한 동선을 파악할 수 있고, 고객이 언제 어떤 상품 주위를 맴돌았는지 확인할 수 있다. 이렇게 데이터가 모이면 고객의 과거 구매 내역과 행동 패턴을 바탕으로, 분석용 소프트웨어를 활용해서 고객에게 쿠폰 같은 서비스를 제공하는 게 수익 창출에 도움이 될지, 어느 정도의 할인 폭을 제시하는 것이 가장 효과적일지 알 수 있게 될 것이다. 수천, 수만 명의 소비자들을 분석해 얻은 데이터는 소매업자에게 가게의 디자인과 진열대의 배치, 그리고 가게에 들여야 할 상품의 종류 등에 대해서도 도움을 줄 수 있을 것이다. 이와 같이, 분석 소프트웨어는 인간의 눈에는 보이지 않는 소비 트렌드와 변수 간의 관계 등에 대한 통찰력을 제공해준다.

상황을 인식하는 역량의 향상

센서는 물리적 환경에도 적용할 수 있다. 그 대상은 도로, 빌딩, 지면, 식물, 바다 등 다양하다. 수백에서 수천여 개에 이르는 센서들이 서로 연결된다면 데이터를 매우 정확하게 파악할 수 있다. 그뿐 아니라 변수들의 관계 및 패턴을 구체적으로 분석하는 작업도 수월해진다. 예를 들어 도시 안에서 스마트 운송 시스템에 이 기술을 도입하면, 차량의 노선과 신호등이 최대 효율을 달성하는 방식으로 운용될 수 있다. 이렇게 되면 운송 시간을 단축시킬 뿐 아니라, 도로를 사용하는 차량의 수를 근본적으로 늘릴 수 있다.

사물인터넷 기술은 농업, 날씨 예측 등 다양한 방면에서 편익을 발생시킬 수 있다. 오늘날 농부들은 영농을 위한 장비와 농지에 설치된 센서를 이용해 퇴비와 살충제를 더 정밀하게, 자연친화적으로 뿌린다. 센서들은 지면의 수분함량을 감지해서 토양 수분량과 날씨 예측을 감안해 관개 시스템을 작동시킨다. 소, 돼지 같은 가축도 센서에 연결되는 추세다. 미국과 유럽 지역에는 1400만 개의 커넥티드 팜connected farms이 있으며, 그 규모는 2020년에 이르면 7000만 개로 늘어날 것으로 예측된다. 온팜OnFarm, 트럼플Trimple 같은 기업들은 토양 수분량, 장력, 산성도, 최적 비옥화 패턴 등 모든 요소를 측정하는 시스템을 출시해 데이터 혁명을 주도하고 있다.

컴퓨터, 센서, 빅데이터, 컴퓨터 모델링 및 시뮬레이션 장비들이 지속적으로 기술 진보를 이루면서 날씨 예측의 정확성을 크게 개선시켰다. 오늘날 '6일 후의 날씨'를 예측할 확률은 '5일 후의 날씨 예측'에 대한 과거의 적중률을 능가한 상태다. 그이유는 연구자들이 인공위성과 기상관측소를 이용한 기존의 날씨 예측 방법에 물리적 환경에 설치된 수많은 센서들을 추가해 데이터를 얻기 때문이다. 미국 해양대기청NOAA의 중앙운영국장 벤 카이거Ben Kyger의 목표는 그리드 해상도grid resolution를 개선시킴으로써 미래의 기상 상황을 더 정확하게 예측하는 것이다. 날씨 예측을 제공하고자 미국 기상청National Weather Service은 날씨 데이터에 소셜 미디어를 통한 입력 및 마이크로블록micro-block 수준의 크라우드소싱 기법 활용을 시험했다.

앞에서 살펴본 바와 같이, 수많은 센서와 크라우드소싱 기술은 더 높은 정확도의 데이터를 습득하는 데 도움을 준다. 더 정교한 데이터의 수집 및 분석을 통해 날씨 예측 모델의 개선을 연구하는 IBM 왓슨 연구소의 수석 엔지니어 로이드 트레

니시Lloyd Treinish는 이렇게 말한다. "농장의 영농 장비, 토양, 대기에 설치된 바람 및 습도 감지 센서, 스마트폰을 활용해 수집된 데이터가 온도와 바람 상황, 기압, 습도 등에 대한 정보를 블록 수준에서 파악할 수 있게 되었습니다." 데이터가 취합되고 측정점만 제대로 갖추어진다면 날씨를 예측하는 역량이 한 단계 더 높은 수준으로 올라가므로 실용성과 경제적 효용이 향상된 모델을 구축할 수 있게 된다.

연결된 물리적 세계에서 추출한 데이터의 사용처는 사회 기반 시설과 치안 영역까지 확장될 수 있다. 다리, 터널, 도로가 센서와 연결되어 있다면 각각의 붕괴 위험도를 파악할 수 있을 것이다. 그렇게 되면 어떤 사회 기반 시설을 먼저 유지·보수할 것인지 순위를 매기는 데 도움이 된다. 여기에 추가해 알맞은 계기판과 소프트웨어만 갖추어져 있으면, 모든 사회 기반 시설에 걸친 데이터를 한눈에 파악할 수 있다. 다시 말하면, 시설 관리 기관은 근거 없는 의견이나 정치적 판단이 아니라 실제 구조적 데이터에 기반을 두고서 사회 기반 시설에 내재된 위험 요소를 파악할 수 있으며, 그 요소들을 바로잡거나 무시해버릴 때 드는 비용을 비교해 알맞은 대책을 세울 수도 있게 된 것이다.

오늘날 기업과 정부는 이미 이런 기법들을 이용해서 상황을 파악하고 교통을 관리하고 있다. 로스앤젤레스, 뉴욕, 멤피스,

산타크루즈의 법 집행기관은 데이터 입력과 실시간 분석을 통해 위험 요소를 파악하고 경찰을 배치하는 예측 방범predictive policing을 실시하고 있다. 기업들은 도로 건설, 수자원 관리 시설, 비행기 제조 공장 등 시설을 더 효율적으로 작동하기 위해 비디오 모니터와 소리를 감지하는 디바이스들에 센서를 부착해서 데이터를 수집하고 문제점을 감지하고 있다.

센서 기반의 결정 분석

사물인터넷은 더 큰 범위에서는 복잡한 인간의 계획 수립과 의사결정의 기반이 된다. 충분한 연산 용량과 적당한 센서만 있으면 이전에는 상상조차 할 수 없던 수준으로 데이터 수집 및 분석 수준을 끌어올릴 수 있다. 맥킨지는 그 사례로 석유 회사들이 지구 내부의 지각층에 광대한 센서 네트워크를 설치함으로써 완전히 새로운 수준의 정보를 얻을 수 있을 것이라고 예견했다. 센서와 모니터링이 어떻게 변화할지 보여주는 좋은 사례로 스위스의 다국적 석유 시추 기업 웨더포드Weatherford를 들 수 있다. 웨더포드는 RFID를 활용해 시추용 장비의 상태를 측정하고 언제 보수 작업이나 업그레이드가 필요한가를 판단할 수 있게 되었다.

스웨덴 교통관리국Trafikverket은 승합차와 기차 객차에 대한 외관 검사를 전기적 감지 시스템으로 대체했다. 1만 3000킬로미터의 트랙에 깔린 RFID 태그와 리더가 취합한 데이터는 이동통신망, 근거리 통신망을 통해 중앙 모니터링 설비에 전달된다. 기술자들은 트랙의 길가에 설치된 150여 개의 모니터링 지점을 통해 필요한 데이터를 얻는다. 승합차와 객차가 트랙을 전속력으로 내달릴 때 과열된 액셀 베어링, 휠 손상, 진동 문제 등을 감지해낼 수 있다. RFID 프로젝트 매니저 렌나르트 안데르손Lennart Andersson은 "이러한 방식을 통해 우리는 큰 사고가 일어나기 이전에 결함이 있는 장비를 제거할 수 있습니다"라고 설명한다.

소비자들의 구매 습관을 알고 싶어 하는 소매업자, 장비를 더 깊게 이해하고자 하는 제조업자, 더 정확한 행동을 예측하길 원하는 의료 회사는 집계된 데이터에 관심을 가진다. 집계된 데이터는 25년 이내에 모든 산업 분야에 혁명을 불러올 것이다. 카메라, 비디오, 오디오, 동작 데이터 등에 대한 데이터 입력 소스들은 새롭게 향상된 알고리즘, 시뮬레이션, 모델링 방식을 창조할 것이다. 센서가 환경과 사람들 사이에 깊숙이 자리를 잡게 되면, 기업과 정부는 정태적 형태로만 사용하던 데이터를 매순간 역동적으로 활용하므로 데이터의 조정, 적용, 수정이 가능하다.

이런 혁신의 파장은 어마어마할 것으로 예상된다. 센서에 기반을 둔 결정 분석은 어떠한 사건이나 상황에 즉각적인 피드백을 제공할 뿐 아니라, 사용 및 소비 패턴에 대한 심오한 분석을 실시간으로 가능하게 한다. 이를테면 소비자들의 소득에 맞춘 가격을 책정하거나, 수요 및 기타 요소의 증가 및 감소에 따라 가변적 조정이 가능한 요금 모형도 가능하다. 항공사들은 이미 이런 모델을 사용해 항공권 가격을 실시간으로 정한다. 그러나 이런 가격 설정 모형은 고도로 연결된 비즈니스 세계에서 실현될 가능성들에 비하면 전혀 놀랍지 않다.

가까운 미래에는 모니터링 장치가 피트니스, 건강, 음식 섭취를 실시간으로 측정한다. 그 결과 건강보험 기업들은 보험료와 보장 범위를 결정할 때 기존의 건강 검진과 연구 결과 이외에도 모니터링 장치의 측정 결과를 반영할 수 있을 것이다. 이런 모형을 사용하면 데이터를 자발적으로 제공하고, 건강한 생활을 하는 가입자들의 보험료를 낮추는 등 금전적 보상을 제공하는 것이 가능하다.

자동화와 통제

산업인터넷을 구성하는 결정적 요소는 기계 지능, 또는 인공지능을 사용하는 시스템을 구축함으로써 절차와 결정을 자동화하는 것이다. 그 결과 여러 과정에서 인간을 배제함으로써 생산성과 효율성이 향상되어 기업, 교육과 정부에 커다란 혁신을 가져오게 될 것이다.

지난 몇십 년간 로봇은 서서히 조립 라인과 제조 파트에서 인력을 대체해왔다. 로봇은 못을 박고, 스프레이를 뿌리고, 용접을 하며 위험하고 단순한 업무를 처리한다. 로봇은 의료 분야에도 진출해 수술 도구가 되기도 하고, 인간의 움직임과 유사하게 작동하며, 절단된 신체의 대체품으로 활용되기도 한다. 로봇의 기능은 여기에 그치지 않고, 감각 분야로 확장되고 있다. 시각과 촉각, 인공지능에 이르는 이런 진화는 로봇이 인간의 개입 없이 자동적으로 작동할 수 있게 한다. 21세기의 흐름에 따라, 이런 로봇을 어디에서든 찾아볼 수 있게 되었다.

로봇공학과 기계 지능이 발달하면서 제조와 중노동 분야에서 인간의 역할이 대체될 가능성이 높다. 로봇은 상품 배송에서 창문 닦기, 도로 보수와 전쟁에 이르기까지 모든 분야를 재정의할 것이다. 더 놀라운 것은, 기계 지능에서 일어나는 근본적 진보가 로봇 및 다른 시스템들로 하여금 끊임없이 성과를 분석하고, 자신의 실수뿐 아니라 다른 기계, 심지어는 사람의 실수도 고치는 법을 익힐 것이라는 사실이다. 센서들로 이루어진 네트워크는 지속적으로 컴퓨터와 알고리즘, 소프트웨어로 흘러가는 데이터 흐름에 기여함으로써, 점차 데이터를 맥락에 따라 이해하고 활용하는 데 능숙해지고 있다. 그 결과 놀라울 정도의 자동화 수준과 지능을 보이는 경우도 있다. 산업 시스템이나 로봇은 자동적으로 도구와 장비의 사용 방식, 화학물질과 원료들이 혼합되는 방식, 기업의 운영 방식이나 제트엔진 모터의 유지·보수, 상품 제조에 쓰이는 로봇들의 조작에 이르기까지 모든 것을 스스로 조절할 수 있게 되었다.

여기에 더해 광대한 센서의 네트워크는 변화하는 외부 조건에 따라 즉각적인 피드백을 제공할 수 있다. 이는 에너지와 물과 같은 희소한 자원을 관리하는 데 특히나 유용하다. 갈수록 많은 수의 공익사업 분야에서 소비 패턴을 실시간으로 추적하기 위해 스마트 미터smart meter를 택하고 있다. 스마트 미터는 여러 수치들을 보여주며, 비수기 요금을 유용하게 활용하는 도구로 사용되기도 한다. 미래에는 스마트 유틸리티 그리드smart utility grid가 자택 보유자들, 그리고 엄청난 양의 전기를 소비하는 거대 데이터 센터 등을 보유한 기업들이 자원 사용을 최적화하도록 만들고, 에너지를 절약하도록 할 것이다. 비용을 낮추기 위해서 필요한 복잡한 알고리즘에 더 쉽게 접근할 수 있도록 할 것이다. 오늘날 이미 에어컨 유닛과 연결된 스마트 온도 조절 장치는 최적의 온도를 유지하기 위해 온도를 감지해 언제 작동을 멈추거나 다시 시작하고, 건물 내부와 외부의 공기를 순환시켜야 하는지 스스로 결정하는 기능을 가지고 있다.

이와 같은 기술이 적용된 자동화 시스템은 실시간으로 예측 불가능한 요인들을 빠르게 감지해서 즉각적인 반응을 가능하게 한다. 이 기능도 인공지능과 연관되어 있다. 인공지능은 인간의 사고와 의사결정을 모방하되, 인간의 역량을 초월하는 능력을 개발하는 것을 목표로 한다. 오늘날 실생활에서 활용되고 있는 인공지능의 한 가지 예시로 자동차와 항공기에 탑재된 충돌 방지 시스템을 들 수 있다. 이 시스템은 사고 위험 시 경고음을 보내고, 어떤 경우에는 사고를 피할 수 있는 행동을 취하게 하기도 한다. 인공지능의 역량은 여기에 그치지 않고 미래에는 더 놀라운 수준으로 확장될 것이다. 예를 들어 나노봇 드론이나 로봇 곤충 떼가 기름이나 독성 물질이 유출된 지역을 청소하기 위해서 배치될 수도 있고, 지진으로 붕괴된 건물의 현장에 들어가서 생존자를 구출할 수도 있다.

커넥티드 군대

산업인터넷은 또한 군대와 전쟁의 형태도 완전히 달라지게 만든다. 최근 몇 년간 군사용 드론은 전투의 양상을 뒤바꾸어 놓았고, 여러 나라의 정부가 테러리스트를 추적하는 방식까지 변화시켰다. 예컨대 미국 정부는 무인 비행체UAV를 아프가니스탄, 파키스탄, 소말리아 등지에 배치했다. 이런 전략의 장점은 저렴한 비용이다. 미국 안보 프로젝트American Security Project 보고서에 따르면 군사용 드론에 소요되는 비용은 650만 달러로, 1억 달러에 달하는 전투기에 비해 가격 측면에서 매력이 크다. 파일럿이 생명을 잃을 위험도 없다. 드론 자체의 가격뿐 아니라 운용 비용도 유인 비행기에 비해 훨씬 저렴하다.[5]

드론의 조종자는 수천 킬로미터 멀리 떨어진 위치까지 인터넷을 통해서 드론을 운전하며 실탄, 미사일, 폭탄을 발사한다. 마치 비디오게임 같다. 그러나 독립형standalone 드론은 커넥티드 군대connected military의 시작일 뿐이다. 앞으로 몇 년간, 군사용 차량, 중장비, 의료 기기, 고글, 그리고 많은 장비들이 서로 연결될 것이다. 시스템들은 증강현실을 수용해 데이터와 컴퓨터가 생성한 정보를 현실 세계에 적용시킬 수 있을 것이다.

앞으로는 많은 군사용 기능들이 개발될 것이다. 미국 국방부 산하 방위고등연구계획국DARPA은 로봇 군대의 활용을 탐구하고 있다. 그 가운데는 곤충 로봇도 있다. 곤충 로봇은 살금살금 기어가거나, 미끄러지거나, 허공을 날아가서 적진에서 임무를 수행한다. 군사 임무에는 유엔UN과 인도주의 단체들이 법적 유효성에 대해 의문을 제기하는 자동 살상autonomous killing도 포함된다. 인공지능 군대는 이외에도 폭탄 처리와 부상을 당한 병사의 구조도 수행한다. 커넥티드 디바이스는 단순히 전쟁터에서 활용되지 않고 데이터 수집 및 분석의 효율성 증대를 가져올 수 있다. 이러한 기술들은 기밀 수집, 행동 분석, 자원 관리 등 다양한 군사 영역에 활용될 것이다.

연결성을 가치 있게 활용하기

사물인터넷과 연결된 산업 기계들과 기타 요소들, 예를 들어 난방·환기·통풍·공기조화HVAC 등 다양한 기능이 포함된 보일러, 기차, 보트 엔진, 전기 시스템 등의 수가 급증하면서 자연, 디자인, 빌딩, 운송, 공장 운영에 변화가 일어나고 있다. 상품에 내장된 센서들과 지속적 연결성은 음식이 상했는지, 타이어가 닳아 찢어졌는지, 지붕에 물이 새는지 여부를 점검할 수 있게 해준다. 로봇공학과 나노 기술이 사물인터넷과 결합하면서(이에 관해서 7장에서 상술한다), 꿈에서나 가능하던 기능도 실현되고 있다. 예컨대 네트워크에 연결된 자동화된 디바이스autonomous devices는 위험한 건설 작업 및 철거 작업을 수행할 수 있다.

뚜렷한 확장세를 보이는 사물인터넷과 산업인터넷은 광활한 물리적 시스템에 대한 통찰을 제공한다. 예컨대 비즈니스 공급 체인에서 센서들은 상품의 위치 및 상태에 대해 즉각적인 피드백을 제공한다. 종단 간End-to-end 모니터링은 완전히 새로운 종류의 더 신속하고 비용 면에서 효율적인 디지털 비즈니스를 만들어낸다. 그 영향력은 엄청나다. 공급자는 혁신을 창출하고, 상품을 신속히 출하하며, 자원을 효과적으로 확보하고, 소비자에게 효율적으로 전송할 뿐만 아니라, 높은 수준의 고객 서비스를 제공할 수 있다.

기술과 시스템의 조합은 완전히 새로운 영역으로 비즈니스의 경계를 넓히기도 한다. 2013년 12월 아마존닷컴Amazon.com CEO 제프 베조스Jeff Bezos는 드론으로 상품을 배송하겠다는 원대한 계획을 발표했다. 이 혁신이 가져올 사회적 영향은 이 책의 6장에서 다루겠지만 한 가지는 명백하다. 드론은 전체 산업 생태계에 근본적 변화를 가져올 것이며, 만일 베조스의 약속이 현실화된다면 드론 배송은 제품을 구매하고 사용하는 방식을 바꿔놓을 것이다. 드론 배송 덕분에 중고품 재활용도 활발해질 것이다. 수요에 맞춰 상품을 생산하는 3D 프린팅3D printing은 산업 전반에 발생할 혁명의 여파를 더욱 확대할 것이다. 이미 3D 기술은 여러 분야의 산업에서 활용되고 있다.

최근에 등장하는 가격 설정 및 이용료 부과 모델은 사물인터넷 및 연결된 물리적 환경이 데이터를 실시간으로 수집하기 때문에 가능하다. 이용한 만큼만 보험료를 내는 페이고pay-as-you-go 방식의 보험 상품은 시작에 지나지 않는다. 항공 산업에 종사하는 제트엔진 제조업자 중에는 제품의 소유권을 계속 유지한 채 엔진의 사용량에 따라 항공사에 요금을 부과하는 사례가 증가하고 있다. 사용한 만큼 돈을 내는 방식으로 자전거나 차량을 시간 단위로 대여하는 도시들도 늘고 있는 추세다. 차량 대여 서비스를 제공하는 집카Zipcar는 스마트폰을 활용해 사용자를 가장 가까운 차량과 연결해준다. 사용자는 RFID 송수신기transponder를 통해 차량의 잠금을 해제할 수 있고, 차량 내부의 블랙박스는 무선 링크를 통해 데이터를 서버로 전송한다(물론, 프라이버시 보호에 반하므로 자동차 회사는 고객의 위치를 추적할 수 없다). 차량에는 분실이나 도난의 경우를 대비해 킬 스위치Kill Switch(분실되거나 도난당한 제품을 사용할 수 없게 잠그는 원격 제어 기술: 옮긴이)가 내장되어 있다.

공중보건 분야에서 크라우드소싱 기술과 결합한 커넥티드 디바이스는 전문가들이 독감 같은 전염성 질병의 발병을 바라보는 시각과 거기에 대처 방법을 변화하게 만들었다. 실시간으로 시각적 데이터와 패턴을 확인할 수 있다면 전문가들에게 어떻게 바이러스가 확산되고 어느 지역에 의약품과 자원의 지원이 추가적으로 필요한가를 쉽게 파악할 수 있다. 또한 정교한 컴퓨터 시뮬레이션을 이용하면 다양한 질병 발생 시나리오를 실험할 수 있고, HIV와 독가스 같은 위협에 어떤 접근이 효과적 대응인가를 예측할 수 있다.

루벤 후아네스Ruben Juanes 교수가 이끄는 MIT 토목공학 및 환경공학과 연구진은 전염병 확산에서 40개 미국 대형 공항들의 역할을 잘 이해하기 위해 스마트폰과 크라우드소싱으로 얻은 데이터를 연구에 활용하고 있다. 이 연구 결과는 특정한 지리적 영역에 전염병 확산을 제한하고, 가급적 초기 단계에 백신 보급 등 적절한 조치를 결정할 때 도움을 줄 수 있다.

전염병이 얼마나 빠르게 확산되는지 예측하기 위해 연구팀은 개인들의 여행 패턴 차이, 공항들의 지리적 위치, 공항들이 상호작용을 하는 방식의 차이, 각 공항의 대기 시간을 분석했다. 후아네스는 지구과학자로서 암석층 표면에 드러난 균열 네트워크를 이용해, 액체의 흐름에 대한 과거 연구를 참조해서 전염병 확산 프로젝트의 알고리즘을 구축했다. 연구팀은 현실 세계에서의 인간 이동 패턴을 이해하기 위해 핸드폰 이용 데이터를 분석했다. 그 결과 전형적 질병 확산 모형과 크게 다른 새로운 질병 확산 모형이 구축되었다. 사물인터넷 없이는 이런 연구는 불가능했을 것이다.

산업인터넷은 거대한 도약을 실현할 것이다. 사물 통신, 즉 기계-기계의 연결성M2M connectivity은 미래 세대 정부와 비즈니스의 기초를 형성할 것이다. 네트워크로 연결된 기계들이 서로 통신하는 텔레메트리telemetry 시스템은 사물 통신을 완전히 다른 수준으로 끌어올릴 것이다. 원격 디바이스가 얻는 데이터를 자동적으로 감지하는 텔레메트리 시스템이 소비자 디바이스와 서비스를 지원하면 신속하고 합리적인 결정을 내릴 수 있고 높은 수준의 자동화가 가능하다. 그러나 사물인터넷의 가능성을 전부 실현하려면 우선 시스템, 디바이스, 데이터를 통합하는 방법이 개발되어야 한다. 이런 기술적 과제의 배경에는 급증하는 보안 위험과 프라이버시 침해에 대한 상당한 우려가 존재한다. 기술이 보안과 프라이버시 보호를 해결하지 못한다면 사물인터넷의 도입과 이용은 무척 느리게 진행되거나 실패할 것이다.

4

똑똑해지는 소비자 디바이스

전선이 사라진 세상

가정집에는 보통 75개 정도의 전기 콘센트가 설치되어 있다. 고정적으로 콘센트와 연결되어 있는 전자 기기와 우리가 직접 플러그를 꼽고 빼는 전자 기기의 수를 세어보자. 그 합계는 200~300개 사이일 것이다. 여기에는 오븐, 중앙 난방장치, 진공청소기, 전등, 아이패드, 배터리 충전기 등이 포함되어 있다. 이런 수치는 우리가 얼마나 하루하루를 기계에 의존하면서 살아가고 있는지를 깨닫게 해준다.

과거의 어느 시점에 모든 전자 기기는 혁신을 상징했으며, 더 편리하고 더 개선된 미래를 약속했다. 예컨대 세탁기는 돌 위에 모래와 비누로 옷을 벅벅 문지르던 일상적 노동에서 사람들을 해방시켜주었다. 전등은 불빛을 필요할 때 원하는 곳에서 쓸 수 있게 도와주었다. 토스터를 사용하면 오븐이나 불을 사용하지 않고도 빵을 구울 수 있고, 라디오를 켜면 다음날까지 신문이 나오기를 기다리지 않고도 뉴스를 들을 수 있다. 전기 가위electric hedge clippers는 정원의 관상용 나무를 다듬느라 소요되던 시간을 몇 시간 단위에서 몇 분 단위로 크게 줄여주었다.

우리는 이런 디바이스를 더 이상 편리함의 상징이 아닌 우리 일상생활의 당연한 일부로 받아들인다. 물론 시간이 흐르면서 디바이스는 훨씬 더 발전했다. 세탁기와 회로기판을 갖춘 가정용 디바이스는 자동적으로 작동하고, 옷을 더 깨끗하게 빨고, 에너지까지 절약할 수 있다. 전등은 단순히 빛을 제공하는 데 그치지 않고 밝기를 스스로 조절할 수 있게 되었고, 토스터는 자동화 설정이 가능하며 베이글이 알맞은 정도로 구워지게 만드는 센서까지 부착되었다. 라디오는 이제 컴퓨터에 탑재되었고, 정원을 다듬는 전기 가위는 안전장치를 갖추었으며 디자인도 더 멋있어졌다.

우리는 거의 인식하지 못하지만 소비자 기술은 경탄할 정도로 발전했다. 게다가 소비자 가전 기기에 내재된 연산 능력이 최근 들어 비약적으로 향상되면서 영화와 텔레비전을 시청하고, 소통하고, 쇼핑하고, 정보를 취합하고, 현기증이 나는 복잡한 작업들도 처리할 수 있게 되었다. 기술 혁신의 결과를 놓고 보자면 예전에 비해 살기 좋은 세상이 되었다고 말할 만하다. 여가 시간이 증가했을 뿐 아니라 다른 사회적 효용도 증가했다. 기술 발전으로 기계와 자동차는 더 안전해졌고, 의약품의 효과는 배가되었고, 지난 세대가 꿈꾸던 안락함이 현실화되었다.

앨빈 토플러Alvin Toffler, 대니얼 벨Daniel Bell 등 사회학자와 문화인류학자들은 우리가 후기산업사회postindustrial age에 진입했고, 단순히 재화를 소비하는 시대에서 정보와 서비스를 강조하는 시대로 이동했다고 설명했다. 이런 관점을 뒷받침하는 증거는 충분하다. 다양한 시장 분석 보고서들에 따르면 미국의 각 가정은 약 일곱 개의 커넥티드 디바이스를 사용한다. OECD는 2020년이 되면 이 수치가 20개로 늘어날 것으로 예측한다.[1] 커넥티드 디바이스가 사용하는 기술의 중요성도 증가하고 있다. 시장조사 전문기업 NPD 그룹에 따르면 모바일 디바이스 사용자 중에 88%가 홈 자동화 시스템을 알고 있다고 답했다.[2] 스마트폰, 전자 리더기, 블루레이 플레이어 등을 사용하는 사람의 비중이 증가하면서 인터넷 연결성 및 콘텐츠 이용 능력은 뚜렷한 상승세를 보이고 있다.

커넥티드 디바이스는 상품뿐 아니라 사물 전체에 대한 인식을 바꾸며 우리의 행태에도 지대한 영향을 미친다. 25년 전에는 영화를 보려면 동네 극장이나 시네플렉스에 가서 현금을 지불하고 티켓을 사야만 했다. 그런데 오늘날은 어떤가? 우리는 텔레비전 세트에 연결된 스트리밍 미디어 플레이어에서 영화를 다운받거나, 무선 인터넷을 통해 태블릿 PC, 스마트폰, 심지어 게임 콘솔로도 시청할 수 있게 되었다. 장소도 다양해져서 비행기 좌석에서, 커피숍에서도 영화와 음악을 다운받을 수 있다. 또 다른 변화는 소셜 미디어의 평가가 우리의 사고방식과 소비 행위를 결정하는 데 영향력을 행사하게 되었다는 점이다.

커넥티드 디바이스는 완전히 다른 집단들과의 관계를 이어 준다는 점에서 연결된 사람들connected people로 해석된다. 그러나 이런 디지털 인맥의 중요성이 얼마나 크든 사물인터넷이 제시하는 거대한 그림의 일부분에 불과하다. 인터넷에 연결된 디바이스는 성능이 향상되며 사용자의 가치도 향상시킨다. 커넥티드 디바이스를 거쳐 광범위한 네트워크에 연결할 수 있는 능력은 본질적으로 사물인터넷을 통해 모든 가능성과 역량을 기하급수적으로 증가시킨다. 예를 들어보자. 인터넷과 연결된 전등 스위치는 스마트폰으로 전등을 켜고 끄며, 스마트폰에 설치된 소프트웨어를 통해 건물 내부의 모든 전등의 전기 사용량도 파악할 수 있게 하며, 전기 요금 감소에 도움이 될 만한 제안을 하기도 한다. 크게 보면, 수집된 데이터는 전기 공급 회사가 소비자의 사용 패턴을 더 잘 이해하고, 더 효율적으로 전기를 사용하기 위한 요금제와 인센티브 모델을 고안하게 해준다. 이런 가능성은 전기 산업에 한정되지 않는다. 자동차 산업, 보건 산업, 금융 산업 등 많은 분야에서 인터넷 연결 장치를 활용하고 있다.

RFID 태그 등 센서가 상품에 부착된다면 역량은 더 무궁무진해진다. 이 센서들은 부엌에 있는 식료품 저장소를 인식해 쌀이나 살사 소스를 거의 다 먹었다는 것을 집주인에게 알려줄 수 있다. 화장실 선반도 휴지와 치약이 떨어지면 알려주고

심지어는 부족해진 물품을 자동적으로 장바구니 목록에 추가할 수도 있다. 집주인이 장을 보러 마트에 가서 필요한 물품이 진열된 선반에 접근하면 스마트폰에 알림 문자가 도착하고 판촉용 쿠폰까지 전송받을 수 있다.

수많은 커넥티드 디바이스들이 더 많은 데이터가 오가는 포인트data intersection point를 생성하므로 더 놀라운 기능들이 가능하다. 현실적으로 보면 우리는 커넥티드 디바이스의 시대에 이제 막 진입했을 뿐이다. 홈 네트워크와 와이파이가 보편화된 것은 이미 십 년이 넘었고, 무선 인터넷 연결도 빠르게 확산되고 있지만, 모든 디바이스에 필요한 플랫폼 및 인프라는 이제 막 성숙하기 시작한 단계다. 과거에는 많은 시스템과 디바이스가 서로 호환되지 않아 서로 연동될 수 없었다. 데이터 연동과 동기화를 더 수월하게 만들어준 클라우드 서버가 아니었다면, 쉽고 빠르게 데이터를 공유하는 건 애초에 가능하지도 않았을 것이다.

오늘날 혁신의 속도는 가속화되고 있으며 디지털 기술도 성숙하고 있다. 데이터 플랫폼이 사회 곳곳에 뿌리를 내리고, 분석 기술이 발전하며, 클라우드가 정보·기술의 기본 요소가 되고, 모바일 애플리케이션이 더 정교하고 강력해지며, RFID 등 센서 가격이 떨어지면서 사물인터넷의 토대가 모양을 갖추어가고 있다. 세상은 결코 이전과 같지 않을 것이다. 우리는 모든 영역에서 혁명의 바람이 부는 새로운 시대를 향해 가고 있다.

연결성의 중요성

커넥티드 디바이스라는 개념은 전혀 새롭지 않다. 수십 년 동안 개인적으로 음악을 감상하기 위해 우리는 헤드폰을 스테레오 시스템이나 휴대용 CD 플레이어의 오디오 잭에 꽂아왔다. 전등이나 콘센트에 타이머를 부착해 언제 불을 켜고 끌지 설정하고, 리모컨으로 다른 전자 기기를 조정하는 일도 비교적 간단하게 이루어졌다. PC 시대에 들어서자 USB 포트가 등장해 외장하드 드라이브, 디지털 카메라, 디지털 오디오 녹음기, 헤드셋과 마이크, 혈압 측정용 모니터, 각종 악기 등 다른 디바이스를 더 간단하게 연결했다.

주변 디바이스와 각종 부품을 추가하면 당연히 기기의 가치는 높아진다. 추가된 기능을 사용하는 플러그인plugged-in 디바이스는 하나의 객체와 다른 객체를 연결하는 데 불과하므로 그 기능과 성능은 한정되어 있다. 예컨대 전등 스위치 타이머처럼 디바이스를 고도의 방식으로 사용하기는 불가능하다. 게다가 많은 플러그인 디바이스의 인터페이스는 투박하며, 그 연결 과정도 골치를 아프게 만든다. 어떤 디바이스는 아예 수동 프로그래밍과 지속적으로 재프로그래밍까지 요구하기도 한다. 반면 인터넷과 연결된 전등 스위치는 인터넷을 체크해 자동으로 일출과 일몰 시간을 정확하게 파악하고 그에 따라 전등 밝기를 조절한다. 사용자는 스마트폰으로 전등 밝기를 스스로 설정할 수 있고, IFTTT 서비스(IF This, Then That의 약자로, 인터넷과 컴퓨터를 통해서 이용자가 사용하는 다수의 서비스 및 앱을 연동시켜주는 서비스: 옮긴이)를 이용해 문자메시지로 전등을 끄거나 켤 수 있다.

커넥티드 디바이스와 시스템은 지난 몇 년간 비약적으로 발전했다. 향상된 이용자 인터페이스, 개선된 소프트웨어의 성능, 쉬운 원격 제어, 기술 표준의 개량, 디바이스 이용에 익숙해진 소비자들로 인해 연결성connectedness과 쌍방향성interactivity을 갖춘 플랫폼이 등장하게 되었다. 반도체, GPS, 가속도계, 센서 속도의 향상 등 기술 발전은 하드웨어를 둘러싸던 물리적 외피와 코드로부터 해방시켰다. 그 결과 커넥티드 디바이스의 가격은 떨어졌고 소비는 급증했다.

리모컨만 보더라도 이런 변화가 확인된다. 과거 소비자들은 제품을 사면 거기에 딸려오는 리모컨을 집에 쌓아 놓아야 했다. 여러 기계를 하나로 통제할 수 있는 통합형 리모컨이 나왔지만 텔레비전, DVD 플레이어, 라디오 튜너, 미디어 스트리밍 유닛 등의 코드를 수동으로 프로그래밍해서 하나의 통합 리모컨을 만들기는 극히 어렵다. 나중에는 스마트폰이나 태블릿 PC에 내장된 소프트웨어에 기반을 둔 시스템이 탄생했다. 이러한 시스템은 사용자에 의한 설정이 비교적 쉽고 간단하게 끝난다. 사용자가 제조사와 모델 번호를 입력하면, 소프트웨어는 데이터베이스를 확인해서 리모컨을 자동으로 프로그래밍해준다. 이렇게 완성된 리모컨은 모든 기기를 조화시켜 작동하게 한다.

더 똑똑해진 소프트웨어와 시스템, 알고리즘은 디바이스를 설정하고 사용하는 과정에서 소요되는 단계들을 획기적으로 줄여주었을 뿐 아니라, 완전히 새로운 기능을 만들어주기도 했다. 예컨대 2000년대 초반 스트리밍 미디어 플레이어가 출시되고 티보Tivo같은 디지털 비디오 레코더DVR 서비스가 선풍적인 인기를 끌었다. 이런 디바이스들은 커넥티드 디바이스가 얼마나 강력하며, 몇 개의 모델이 어떻게 산업 전체를 뒤바꿔놓을 수 있는지를 생생히 보여준다. 스트리밍 미디어 플레이어와 티보가 출시되고 몇 년이 지나지 않아 소비자들은 실시간 방송을 녹화해 자유롭게 다른 시간대에 시청할 수 있게 되었다. 얼마 후 언제 어디서든지 원하는 콘텐츠를 시청하고 싶다는 소비자들의 욕구에 부응해 인터넷 기반의 스트리밍 서비스와 라디오 방송국이 생겨났다. 전통적 방식의 라디오와 텔레비전의 이용자가 감소하자 산업 전체가 비즈니스 모델을 근본적으로 변화시키기 시작했다.

오늘날 사물인터넷이 부상하면서 소비자 행동과 소비 패턴이 더욱 현저하게 변하고 있다. 소비자들은 이미 CD를 디지털 뮤직 다운로드와 스트리밍 뮤직 서비스로 대체했다. 종이책도 킨들Kindle이나 누크Nook 같은 전자책 단말기, 아이북iBook 앱을 무기로 내세운 아이패드에 떠밀려 사라지고 있다. 잡지들도 전자화를 택하고 있고, 종이 지도는 이미 역사의 뒤안길로 사라진 지 오래다. TV 시청률도 수십 년 전에 비해 40~50% 수준으로 급감했다. 신문 광고 수입도 2005년의 절반 수준으로 떨어졌다.

다시 말해 연결된 세계는 역사상 그 어떤 혁신과도 비교할 수 없을 정도의 파괴적 혁신을 불러왔다. 이제 사람들은 세탁기나 차고 문을 스마트폰으로 조작하고, 현관 비밀번호를 변경해서 방문자나 수리 기술자를 위한 임시 비밀번호를 설정할 수 있고, 스마트 전등, 온도 조절, 보안 기능 등 시스템을 통해 자신만의 홈 자동화 플랫폼을 만들 수 있게 되었다. 제조업자들은 점차 더 많은 디바이스와 가전제품을 제어할 수 있는 허브를 만들고 있다. 애플 같은 기업은 홈킷HomeKit 등 새로운 플랫폼을 출시하며 홈 자동화 영역에 진출하고 있다.

사물인터넷 플랫폼과 프로토콜의 등장

과거에는 타이머 박스timer box 또는 취미용 키트kits에만 커넥티드 디바이스를 사용했다. 전등과 가전제품을 조절하는 데 필요한 시스템 설치에 많은 시간과 노력을 필요로 했기 때문이다. 모든 것이 제대로 작동하기 위해서는 거의 고문과 같은 노력이 필요했다. 스코틀랜드의 피코 일렉트로닉스Pico Electronics는 가장 초창기의 기술 표준 가운데 하나로 여겨지는 X10을 발명했다. 이 회사가 발명한 상품에는 최초의 단일 칩 계산기, 비닐 레코드 재생용 턴테이블, 전등, 가전제품의 리모컨 등이 포함되어 있었다. 이후, 이 회사는 개인용 컴퓨터와 호환되도록 X10의 인터페이스를 변경했다. X10 프로토콜은 홈 자동화가 가능한 여러 기능을 선보였음에도 대중적으로 성공하지 못했고, 그다지 주목을 받지 못했다. X10은 너무 비쌌고 투박했기 때문이다.

그러나 점차적으로 다른 프로토콜이 등장하기 시작했다. 지웨이브Z-Wave, 지그비ZigBee, 인스테온Insteon이 그 예다. 지웨이브의 무선 커뮤니케이션 플랫폼은 900메가헤르츠의 저출력 무선 주파수 파장을 이용해 전등, 접근 통제, 온도 조절 장치, 보안 기기, 연기 감지기와 가전제품 등 디바이스를 서로 연결시킨다. 이 플랫폼은 낮은 지연latency과 높은 신뢰도reliability에 최적화되어 있다. 디바이스 간에 안정적이고 지속적인 연결성을 제공한다. 지웨이브 무선 커뮤니케이션 플랫폼은 소규모의 데이터 패킷을 1초당 100킬로바이트 정도의 높은 속도로 교환하므로 주변 와이파이와 블루투스 시스템의 간섭에서 자유롭다. 현재 지웨이브 기술을 이용해 상품을 제조하는 기업은 160개가 넘는다.

지그비는 개인 무선 네트워크PAN를 생성하는 프로토콜을 제공한다. 개인 무선 네트워크에 연결된 이용자는 다수의 다른 디바이스들을 연결하고, 데이터를 인터넷에 업링크할 수 있다. 지그비는 무선 주파수RF 애플리케이션에 주로 사용되며 디바이스 간의 저비용, 저속도 커뮤니케이션을 가능하게 해준다. 주로 10미터 이하 거리에서 작동하며, 최대 초당 250킬로바이트 속도로 작동한다. 데이터 보호를 위해 128비트 암호화를 사용하는 지그비 플랫폼은, 중간에 위치한 지그비 기기를 통해 신호를 전송해 더 먼 거리에 있는 기기에 연결할 수 있다. 결과적으로 모든 장치와 노드node들이 네트워크에 데이터를 전달할 수 있는 메시 네트워크mesh network가 생성된다. 이런 장점 때문에 지그비는 느린 데이터 전송 속도와 간헐적 전송만이 필요한 전자 제품에 적합한 최적의 프로토콜로 여겨진다. 전등 스위치, 온도 조절계, 전자 미터기, 건강 모니터링 장치, 다양한 상업 및 산업 시스템을 포함하는 임시 무선 네트워크에 사용된다. 지그비 얼라이언스ZigBee Alliance는 400개가 넘는 기업의 600개가 넘는 상품에 사용되고 있다.

세 번째 주요 플랫폼에 해당하는 인스테온은 무선 주파수에 의존해 작동되며 전력선이나 무선을 통해서 전등 스위치, 전구, 온도 조절계, 동작 감지 센서, 감시 카메라를 관리한다. 그러므로 인스테온은 철, 콘크리트 등 주파수 파장을 간섭하는 방해물의 제한을 받지 않는다. 인스테온은 명령 통제command-and-control 접근이 아니라 초당 3만 8400비트라는 빠른 속도로 작동하며 P2P(Peer-to-Peer) 방식이다. 네트워크 내에서 배터리를 사용하지 않는 디바이스는 쌍방향 중계기 역할을 하므로 시스템이 네트워크 내부에서 데이터를 교환하기 위해 가장 빠른 루트를 찾아낼 수 있다. 인스테온에 따르면 이 기술은 전 세계 백만 개가 넘는 노드에 사용되고 있다.

지웨이브, 지그비, 인스테온이 상대적으로 인지도가 높은 플랫폼이지만, 제조사들이 이 프로토콜과 플랫폼만 사용하는 것은 아니다. 상당히 파편화되어 있는 사물인터넷 환경으로 인해 많은 소비자들과 비즈니스 이용자들은 곤란하고 성가신 상황에 처하기도 한다. 프로토콜들이 이렇게 섬처럼 떨어져 파편화된 이유는 각각의 프로토콜이 서로 다른 장치를 필요로 하기 때문이다. 각기 다른 장치를 필요로 하는 프로토콜은 편익을 감소시키며, 홈 자동화를 한 단계 더 어렵게 만드는 요인이 된다. 이런 배경에서 다양한 홈 자동화 프로토콜과 플랫폼을 하나로 통합시키는 시스템이 새롭게 나타나고 있다. 예컨대 리볼브Revolv라는 제품은 일곱 개나 되는 홈 자동화 기술을 스마트폰 또는 태블릿 PC 앱을 통해서 연결시킨다. 마치 통합 리모컨이 다양한 전자 시스템들을 통합시키듯, 리볼브를 사용하면 전등, 잠금 장치, 온도 조절 장치, 스피커, 스마트 플러그, 스마트 커튼, 센서를 단일한 플랫폼에서 모두 연결할 수 있다.

사물인터넷이 바꾸는 현실 세계

연결된 역량connected capability은 몇십 년 동안 계속 존재해왔지만 대개는 부유하거나 기술과 친숙한 사람들의 전유물로만 남아 있었다. 그러나 이제는 수십 만 달러까지 비용을 들이지 않고 수백, 수천 달러 수준으로 가격이 낮아진 새로운 시스템이 등장하고 있다. 사물인터넷 시스템은 더 스마트하고, 저렴하며, 서로 연결되고 전반적으로 성능이 개선되었다. 이제 사물인터넷이 사람들이 살아가는 방식을 어떻게 바꿀지 그 시나리오를 살펴보도록 하자.

현실화된 홈 자동화

홈 자동화의 매력은 더 편리한 삶, 강화된 보안, 환경 친화적이고 효율적인 시스템을 약속한다는 것이다. 커넥티드 조명, 차고 문, 스마트 잠금 장치 외에도 다양한 상품이 홈 자동화에 추가되고 있다. 차세대 연기 감지기는 예컨대 불이 나면 즉시 119에 알린다. 어떤 시스템은 평소에는 침묵 모드로 유지되다가 배터리를 교체할 때를 알려주는 기능을 갖추고 있다. 스마트 온도 조절계는 프로그래밍과 조작법이 쉬울 뿐 아니라, 스스로 성능을 최적화하고 40~50%의 에너지를 절약하는 기능까지 지니고 있다. 또한 미래의 시스템은 집주인이 귀가하는 때에 맞춰 가전제품을 조절하는 기능을 갖출 것이다. 집주인의 생활 패턴과 집의 특성을 파악해서 특화된 서비스를 제공하기도 할 것이다. 버지니아 대학 연구진은 홈 자동화를 통해 가구마다 20~30%의 에너지를 절감할 수 있고, 결과적으로 미국에서 1000억 킬로와트 정도의 전력, 금전적으로는 150억 달러를 절약할 것으로 추산했다.[3]

모든 전자 기기를 홈 자동화가 통제하는 가정이 꾸준히 증가하는 추세에 있다. 비전자식 기기를 홈 자동화가 관리하는 경우도 많다. 스마트 보안 시스템과 비디오 모니터링은 이미 쉽게 접근할 수 있는 기술이 되었다. 이 시스템들은 원격 모니터링, 원격으로 알람을 끄고 켜는 기능을 가능하게 하며, IP 카메라를 활성화시켜 동작이 감지되면 집주인에게 문자로 알리기도 한다. 머지않아 보안 시스템에는 스마트폰에 설치된 영구적·임시적 인증용 토큰authorization token 및 얼굴 인식 기능으로 초대받지 않은 손님을 가려내는 기능이 추가될 것이다. 침입자가 감지된 때 시스템은 보안 회사나 법 집행기관에 자동으로 연락하게 된다.

사물인터넷과 홈 자동화에서 가장 주목받는 영역은 바로 부엌이다. LG는 사물인터넷을 도입한 제조 기업 가운데 하나로, 냉장고, 세탁기, 오븐 등을 스마트 가전 기기로 출시했다. 집주인은 스마트폰 또는 "온수 세탁을 시작해"와 같은 말을 통해 가전 기기를 조작할 수 있다. 부재중에도 빨래를 돌리거나 설정을 바꿀 수 있다. LG 냉장고에 내장된 스마트 매니저는 장착된 카메라로 냉장고 안의 내용물을 촬영해 스마트폰으로 보여준다. 그 냉장고에는 음식물의 유통기한을 통해 신선도를 확인하는 기능과 식단을 추천해주는 기능, 그리고 냉장고 안의 식재료로 요리할 수 있는 요리법을 알려주는 기능도 있다.

자연어natural language로 쇼핑 리스트를 만들고, 요리법을 찾고, 스마트폰으로, 커넥티드 디바이스로 그 작업을 처리하게 될 날을 상상하기는 어렵지 않다. 스마트폰 앱은 상점에서 사용자가 원하는 상품이 있는 위치를 알려준다. 장을 보고 집에 돌아와서 피로하다면 손으로 이런 저런 버튼을 조작할 필요 없이 "얼어 있는 베이글을 녹여줘" 또는 "커피를 다시 데워줘" 같은 간단한 명령을 말로 해서 오븐을 돌리거나 커피 포트를 사용할 수 있다. 이는 애플의 시리Siri나 구글 나우Google Now를 이용해서 스마트폰을 작동시키는 방식과 같다. 텔레비전과 스트리밍 미디어 플레이어도 말로 명령해서 원하는 콘텐츠나 채널을 재생시킬 수 있을 것이다.

건강을 위해 활용되는 사물인터넷

사물인터넷은 헬스케어와 건강wellness 분야에서 활용도가 무궁무진하다. 나이키 퓨얼밴드Fuelband, 핏빗 손목 밴드, 조본 Jawbone 피트니스 트래커는 몇 년 전까지만 해도 상상할 수 없던 기능을 과시한다. 이 장치들은 서로 데이터를 공유함으로써 운동에서 영양까지, 전 분야에 걸친 개인용 피트니스 제품과 서비스 생태계를 조성한다. 사람들은 더 이상 직접 칼로리와 영양 정보를 기록할 필요가 없다. 이 장치들이 가속도계를 통해 활동량을 측정하고, 바코드 스캐너로 칼로리, 영양, 운동량에 대한 거의 완벽한 그림을 대신 완성해주기 때문이다. 이렇게 수집된 데이터는 웹 페이지나 스마트폰 앱을 통해 사용자에게 차트, 그래프, 이미지로 나타난다.

이 기술은 다른 분야에도 스며들고 있다. 커넥티드 체중계가 데이터를 보내면, 이는 클라우드 서버에 의해 웹이나 스마트폰 앱의 개인용 계기판personal dashboard으로 전송된다. 수면 시스템은 소음 수준, 방 온도, 전등 밝기 등 환경 데이터를 기록하며, 매트리스 아래 붙은 센서와 함께 사용자의 수면 패턴에 대한 상세한 정보를 제공한다. 이 시스템은 스마트폰과 결합되어 수면 유도와 기상을 위한 프로그램을 짜게 된다. 자세를 관찰해 교정해주는 프로그램과 운동 중 호흡과 산소 소모량을 측정하는 장치, 그리고 스마트폰 앱을 통해 즉각적 피드백을 제공하는 주머니 사이즈의 아이소메트릭 트레이너isometric trainer도 있다. 몸 전체를 움직이지 않고 근육을 움직여서 운동하게 만드는 방식이다.

그러나 개인용 피트니스는 연결된 미래로 나아가기 위한 하나의 발걸음일 뿐이다. 한때 수백, 수천 달러를 호가하던 의료용 장치들도 가격이 저렴해지면서 사물인터넷의 영역에 편입되었다. 혈압 모니터와 혈당 모니터, 약 먹을 시간이 되면 알려주고, 정량의 의약품을 투여하며, 문제가 생기면 간병인과 의료 전문가에게 알리는 가정용 의약품 자동 분배기도 있다. 이 디바이스는 장기와 조직을 모니터링해서 약물이 필요할 때를 알려주고, 최적의 약물을 투여한다. 또한 의사들에게 환자에 대한 아주 세세한 정보를 알려주기도 한다.

사물인터넷은 의료계에 혁명을 불러올 것이다. 검진을 위해 1년에 한 번 병원에 가서 단 몇 분 동안 의사에게 진찰을 받거나 고위험 환자들을 신경쓰느라 바쁜 간호사들을 귀찮게 할 필요가 없어질 것이다. 센서가 365일 24시간 모니터링과 데이터 수집을 대신해줄 것이니 말이다. 차세대 소프트웨어와 정교한 알고리즘을 사용해 이 센서들은 데이터를 분석해서 위험 요소를 조기에 발견할 수 있게 할 것이다. 그 결과 의사들은 더 빠르고 많은 정보를 가진 상태에서 치료를 할 수 있게 될 것이다.

소비자들도 3D 프린터를 통해 부목, 주사기, 버팀대 등 의료용 도구들을 직접 만들 수 있다. 의료 전문가들은 피부와 내부 장기 같은 조직을 프린트해서 사용할 것이다. 이미 다수의 대학이 '바이오 프린팅bioprinting' 작업을 성공적으로 마쳤다. 코넬 대학 연구진은 손상되거나 잘린 귀를 대체할 수 있는 귀 조직을 프린트했다. 웨이크포레스트 대학 재생의학연구소는 혈관을 프린트하려고 시도하고 있으며, 오가노보Organovo Holdings 는 대체 가능한 살아 있는 간 조직을 배양하기 시작했고 신장 등 인공적 장기 조직 분야를 연구하고 있다.

사물인터넷을 통한 지불

오늘날 사람들은 인터넷에서 클릭 한 번으로 은행 업무를 보고, 주식을 거래하고, 앱을 터치해서 명세서를 지불한다. 모바일 앱은 사용자가 ATM이나 은행에 갈 필요 없이 수표 사진을 핸드폰 카메라로 찍으면 입금한 것으로 처리한다. 주차장 이용료나 자판기에 일정한 금액을 저장해두고, 커피숍에 앉아서 간단히 지불을 끝낼 수 있는 스마트 지갑도 출시되고 있다.

디지털 지불 시스템은 중고품 시장, 재활용품 염가 판매, 소매 계산대에 이르기까지 모든 상품 거래에 변화를 가져오고 있다. 예컨대 스퀘어Square라는 솔루션은 오디오 잭을 아이폰, 아이패드에 연결해 온라인 거래를 가능하게 해준다. 판매자가 결제를 하기 위해 스퀘어에 달려 있는 슬롯에 신용카드를 긁기만 하면 소프트웨어가 알아서 거래를 마무리한다. 스퀘어를 이용하면 소비자들이 포인트를 적립하려고 카드를 귀찮게 들고 다닐 필요도 없다. 고객의 방문 일시와 거래 내역은 자동으로 기록되며, 스마트폰 앱으로 확인할 수 있다. 스퀘어뿐만 아니라 페이팔PayPal과 인튜이트Intuit도 지불 처리 과정에서 유사한 시스템을 제공한다.

그러나 사물인터넷은 뱅킹이나 지불 방식을 뛰어넘는 변화를 몰고 오고 있다. 보험 분야에서는 방대한 정보 처리의 혁신을 가능하게 하는 장치, 센서, 시스템이 도입되면서 완전히 새로운 비즈니스 모델이 창조될 것이다. 예컨대 종래에 자동차 보험에 접근하는 방식은 일반적인 위험 요소와 비용을 고려하는 통합 모형에 의존하고 있다. 그러나 보험 상품에도 페이고 방식이 등장하면서 종래의 접근 방식을 점차 대체하고 있다. 차량 진단 포트에 연결된 작은 블랙박스는 주행 정보와 주행 거리를 기록하고 데이터를 보험회사로 전송한다. 그러면 가입자는 주행 거리에 따라 보험료를 납부한다. 미래에는 블랙박스가 모은 데이터를 통해서 판단한 운전자의 운전 숙련도에 기초해 보험료가 측정될지도 모른다.

항공기, 기차, 자동차

최근 새롭게 출시되고 있는 자동차의 운전대에 앉아 있으면, 앞으로 나타날 자동차 산업의 미래가 머릿속에 그려진다. 온보드On board 내비게이션 시스템과 컴퓨터는 스마트폰에 연결되어 있어 운전자는 스마트폰으로 문 잠금 해제, 엔진 시동 걸기, 통화, 내비게이션에 주소 입력 등을 할 수 있다. 음성 명령 기능을 갖춘 시스템도 점차 증가하고 있다. 시리 음성 인식 기술을 내비게이션에 사용한 애플 카플레이Apple CarPlay 시스템

은 이동통신과 인터넷에서 기능을 끌어와서 사용자의 편리성을
높인다.

점차 많은 자동차가 와이파이 핫스팟 및 다양한 기능을 장
착해서 주행을 컴퓨터 연산처럼 변화시키고 있다. 자동차가
마치 아이폰처럼 변하는 것이다. 보험료를 산정할 목적으로
주행 기록을 저장하는 블랙박스는 온보드 컴퓨터에 연결되어
상태 표시등보다 자세하게 차량을 진단해 정보를 제공한다.
캡제미니 컨설팅Capgemini Consulting이 2014년에 실시한 서베이
에 따르면, 차량 구매자 55%가 커넥티드 카Connected Car 서비스
를 이용하고 있거나 다음에 구입하는 차량에 이런 기능을 탑
재하고 싶다고 응답했다. 커넥티드 카의 역량에 전혀 관심이
없다고 답한 응답자는 18%에 지나지 않았다.[4]

오늘날 적응형 주행 제어장치, 자동 브레이크, 차선 이탈 경
고 시스템, 자동 주차, 고급 텔레매틱스 기능을 갖춘 자동차는
쉽게 찾아볼 수 있다. 곧 완전한 자율주행차를 만나볼 수 있을
전망이다. 자율주행차는 센서, 인공위성, 인터넷 에디터를 이
용해 스스로 신호등과 도로 표지판을 인식하고, 고속도로와
샛길의 상황을 감지한다. 2010년 구글은 64빔 레이저 시스템
이 도입된 자율주행차를 시험 운행했다. 아우디, 렉서스, 토요
타가 제작한 차량에 약간의 변형을 가미한 구글의 자율주행차
는 샌프란시스코의 가파르고 구불구불한 롬바드 거리를 거뜬

히 통과해 금문교를 주행했다.

먼 미래에는 스마트 도로 네트워크를 통해 도로의 상황을 인식해 가장 빨리 목적지에 도달할 수 있는 경로를 찾아내는 자율주행차가 등장할 것이다. 스마트 도로는 차량 간격을 자동으로 조정해서 도로 상황을 효율적으로 개선할 수 있을 것으로 기대된다. 자율주행차는 연료 효율도 최적화할 것이고 충돌의 위험도 감소시킬 것이다. 자동차 충돌 사고의 90%가량이 인간의 실수 때문에 발생한다는 점이 연구에 의해 밝혀진 바 있다. 자율주행차는 연료 효율성을 30% 정도 개선시킬 것으로 전망되며, 스스로 운전할 수 있는 신체적 능력을 잃어버린 노인들도 편리하게 다른 장소로 이동할 수 있을 것이다.

앞으로 몇 년 동안 자동차에 대한 우리의 생각은 크게 바뀔 것이다. 자율주행차의 보급은 운전자들이 차량을 소유 대상이 아니라 대량 수송 수단으로 보는 정서를 확산시킬 것으로 보인다. 예를 들어 카셰어링car sharing이 평범한 일이 될 것이다. 자동차가 필요하다면 스마트폰으로 간단하게 차량을 불러 몇 분 이내에 원하는 장소로 자신을 데려가주도록 요청할 수 있다. 그리고 목적지에 도착한 자율주행차는 다음 사용자에게 스스로 찾아가는 것이다.

자동화 시스템은 수동 주차를 할 필요도 완전히 사라지게 만들 것이다. 운전자는 공항이나 쇼핑몰의 하차 지역에서 내려서 자동차가 스스로 주차할 때까지 기다리기만 하면 된다. 운전자가 볼 일을 끝내고 돌아오면 자동차는 알아서 승차 지역으로 찾아올 것이다. 자율주행차는 센서를 이용해 주차할 자리를 순식간에 찾아낼 수 있다. 이미 볼티모어, 보스턴, 시카고, 뉴욕, 밀워키에는 주차 공간을 찾아주는 앱이 활용되고 있다. 포틀랜드 국제공항은 운전자가 빈 주차 공간을 찾도록 돕는 시스템의 초기 모델을 시행하고 있다. 출입구에는 주차 공간을 표시하는 사인이 있다. 자리가 비었다면 초록색으로, 자리가 찼을 때는 붉은색으로 표시된다. 이제 필요한 단계는 주차 공간에 대한 정보를 차량의 주행 시스템에 연결하는 것이다.

그러나 교통수단은 커넥티드 인프라connected infrastructure의 일부분일 뿐이다. 스마트폰 앱은 이제 지하철 등 공공 운송 수단에 대한 정보를 제공한다. 250킬로미터에 달하는 29개 경로를 운행하는 487대의 트롤리trolley를 운영하는 호주 멜버른의 야라 트램Yarra Tram은 커넥티드 인프라를 사용한다. 트랙에 센서를 부착하면 트램트래커tramTRACKER가 사용자의 스마트폰으로 언제 트롤리가 역에 도착할 것인지 알려준다. 이 시스템은 연착이나 열차에 기계적 고장이 발생했을 때 즉시 알려주기도 한다.

스마트폰 앱은 가장 저렴한 휘발유를 파는 주유소를 찾거나, 차들로 가득 찬 주차장에서 자기 차를 빠르게 찾거나, 비행기 탑승을 위한 전자 티켓을 다운받거나, 무인 자동화를 위해 설치된 키오스크Kiosk에서 바코드를 활용해 호텔에 체크인하는 기능을 제공한다. AT&T 연구진은 여행자들에게 짐이 어디에 있는가를 추적해서 알려주는 '스마트 수하물smart luggage' 서비스를 개발했다. 또한 스마트폰 앱은 사람들에게 버스, 기차, 항공기 이동 상황에 대한 정보를 실시간으로 제공하기도 한다.

새로운 쇼핑 시대

인터넷은 우리가 쇼핑하는 방식에도 혁신을 가져왔다. 전화번호부는 거의 자취를 감추었으며, 구입하려는 자동차와 컴퓨터 등에 대한 상품 정보를 찾거나 결제하는 일은 집에서도 할 수 있다. 고객 서비스도 온라인으로 이루어지는 추세다. 오늘날 미국에서 전자상거래는 총 소매 거래액의 5.2%를 차지하고 있는데, 2017년에는 그 비율이 10.3%로 폭증해 거래액이 3700억 달러에 달할 것으로 예측된다. 컨설팅 기업 포레스터 리서치Forrester Research는 2017년에는 미국 내 총 거래의 60% 정도가 인터넷을 통해 이루어질 것으로 전망했다.[5]

스마트폰이나 태블릿 PC의 앱으로 물건을 구매하는 소비자들이 늘어나고 있다. 모바일 디바이스는 거래가 이루어지는 방식에 근본적 변화를 가져왔으며, 판매자와 소비자를 대등한 지위로 만들어주므로 공정한 거래가 가능하다. 스마트폰에 내장된 카메라는 바코드 리더 기능을 제공하므로 소비자가 즉석에서 가격을 비교할 수 있다. 예를 들어 소비자는 어떤 상점 안에서 에스프레소 머신을 스캔해서 다른 판매자나 온라인 판매업자들이 제안하는 다양한 가격과 비교할 수 있다. 상품이나 바코드를 찍기만 하면 가격을 비교하고 구매까지 할 수 있는 스마트폰 앱은 쇼루밍showrooming을 가능하게 한다. 쇼루밍은 소매 산업을 뿌리부터 뒤흔들었다. 그 결과 판매자들이 상품을 진열하고, 정보를 제공하며, 가격과 서비스를 통해서 다른 온라인 판매자와 경쟁하는 방식에는 큰 변화가 생겼다.

푸듀케이트Fooducate 같은 스마트폰 앱도 동일한 방식으로 작동한다. 푸듀케이트는 식료품점 안에서 소비자들이 상품을 스캔하면 식품 등급에 관해서 상세한 정보를 찾아볼 수 있게 해준다. 이처럼 스마트폰은 스캐닝 장치, 휴대용 데이터베이스, 음식물 섭취 추적기food tracker 등 여러 기능을 수행하고 있다. 와인, 맥주 등 다양한 관심 상품마다 푸듀케이트와 유사한 정보를 제공하는 스캐닝 앱이 있다. 이런 앱은 대규모의 소셜 미디어 커뮤니티를 운영한다. 그곳에서 사람들은 상품에 대한 평가를 공유하고, 서로 질문을 하거나 생각을 나눈다. 어떤 판매자용 앱merchant app은 전자 적립 카드를 운영하기도 한다.

판매자들이 물리적 세계와 가상 세계 간의 간격을 줄이기 위해 노력을 기울이고 있다는 점은 놀랍지 않다. QR 코드는 사용자가 스마트폰 등으로 사물을 스캔하고 사물인터넷을 이용할 수 있도록 한다. 2차원의 QR 코드는 상품 포장뿐 아니라 잡지, 웹사이트에서도 찾아볼 수 있다. 식품, 가정용품 등 상품들에 대한 상세 정보를 쉽게 접할 수 있는 것이다. 여기에서 한 걸음 더 나아간 것이 RFID 태그와 애플 아이비콘iBeacon이다. 이런 신기술은 쇼핑을 개인화되고, 맥락적이고, 상호작용적 경험으로 바꾸어놓고 있다.

아이비콘은 실내 위치 확인 시스템IPS으로 블루투스를 이용한 저에너지Bluetooth Low Energy 무선통신 기술이다. 또는 블루투스 스마트라고 불리기도 한다. 아이비콘은 상점에서 스마트폰과 태블릿 PC 간의 소통을 지원한다. 애플의 iOS 또는 안드로이드 기기를 사용하는 고객을 자동적으로 감지해 정확한 위치를 인식하고 메시지, 문서 등 정보를 전송하고 데이터를 수집하기도 한다. 이 기술을 이용하면 판매자는 고객이 관심을 가지고 기웃거리는 상품에 대한 추천 정보와 판촉 제안을 전송할 수 있다. 예컨대 세탁용 비누 진열대 근처에서 머물고 있는 고객은, '즉시 구매하면 1달러 할인' 쿠폰을 판매자에게서 전송받을 수 있다.

아이비콘 기술은 쇼핑을 하는 고객의 구매 목록에 포함된 상품이나 상점 내부에서 진행하는 판촉 이벤트를 알려준다. 상점을 둘러보는 고객의 선호를 고려해 상품 정보를 선별해서 알려주며, 이미 선불로 결제를 마친 상품이 위치한 진열대로 고객을 안내한다. 행사장이나 경기장에서 좌석 위치를 알려주고, 전자 티켓을 전송하고, 좌석 업그레이드 할인을 알려준다. 의류 판매 체인점 아메리칸 이글American Eagle, 의약품 체인점 두에인 리드Duane Reade, 메이시스Macy's 백화점, 세이프웨이 Safeway, 테스코Tesco, 월마트Walmart 등의 슈퍼마켓은 아이비콘 기술을 도입했다. 미국 메이저리그 야구팀들과 미국 프로농구 팀 골든 스테이트 워리어스도 아이비콘 기술을 활용하고 있다. 미래에는 자율주행차의 내비게이션과 연동되어 주변 식당이 제공하는 메뉴에 대한 타깃화된 판촉 정보를 알려주는 아이비콘 기술을 응용한 광고 게시판도 등장할 것이다.

스마트 선반Smart Shelf은 쇼핑에 혁신을 몰고 올 것이다. 반도체 기업 인텔Intel은 셀프 에지Shelf-Edge 기술을 개발해 오프라인 매장의 미래를 구상하고 있다.[6] 셀프 에지는 고객들이 사용하는 휴대용 디바이스를 상점에 설치된 블루투스 디스플레이에 연결해 상점에 진열된 스마트 제품들과 상호작용하게 한다. 셀프 에지 기술은 상품 정보를 전달하며 개인별 음식 알레르기나 라이프 스타일을 감안해 정보를 선별해서 전달할 수 있다. 상점에 위치한 쿠폰 발급기는 소비자나 스마트폰과 실시간으로 상호 소통한다. 이익 환수율과 다른 요소를 감안해 판매자는 실시간으로 쿠폰 발급량을 증감하거나 판촉 대상 상품을 변경할 수 있다.

엑센처 테크놀로지 랩Accenture Technology Lab은 증강현실을 실험하고 있다. 증강현실은 물리적 영역의 쇼핑 세계와 온라인 경험 간의 경계를 좁힐 수 있다. 위숍WeShop 앱은 전통적 상품 라벨과 정보 카드를 보완하며 다양한 출처에서부터 데이터를 추가한다. 위숍 앱은 상품과 관련한 사회적 행동, 고객 충성 프로그램의 제안, 추천하는 구매 목록 등에 대한 정보를 소비자들에게 전달한다. 소비자가 스마트폰이나 태블릿 PC를 상품에 가져가면, 특정 고객에 맞춰 개인화된 상품 정보가 나타난다. 예컨대 다이어트를 하는 고객에게 상품평과 함께 건강에 더욱 적합한 대안을 추천하는 식이다.

런던 시티 대학의 유비쿼터스 컴퓨팅 전문가 에이드리언 데이비드 척Adrian David Cheok 교수는 미각, 후각, 촉각을 구현하는 장치를 개발하고 있다. 척 교수의 연구가 성공하면 사람들은 향초나 식당 메뉴의 향기를 컴퓨터와 스마트폰으로 맡을 수 있을 것이다. 그는 화학적·전기적·자기적 역량을 이용해 기초적 감각을 구현하는 후각 감지 장치를 이미 제작했다. 후각 감지 장치가 컴퓨터와 연결되면 잉크젯 프린터가 작동하듯 카트리지를 이용해 후각을 구현해낼 수 있을 것이다.

그렇다면 어떤 결과가 나타나는가? 카드 결제 단말기는 사라지고 상점의 디자인과 레이아웃은 변화할 것이다. 새로운 상점에서는 점원들이 태블릿 PC 또는 스마트폰으로 결제를 처리할 것이다. 쇼핑몰 웹사이트는 인간 감각을 구현하므로 소비자들이 제품 구매를 결정하기 전에 샘플의 맛을 보고, 향을 맡고, 촉감을 느낄 수 있다.

연결성을 이용한 작업

앞으로 몇 년간 사물인터넷은 모든 분야를 극적으로 변화시킬 것이다. 그 과정은 3D 프린팅, 디지털 후각과 미각, 로봇, 드론 등 새롭게 출현하는 도구를 이용하게 될 것이다. 이런 시스템들은 연결된 세계를 위한 넓은 플랫폼을 구축하고 있다.

5

사물인터넷 활용하기

사물인터넷이 현실 세계와 만날 때

고도로 정교한 센서, 마이크로칩, 데이터 분석 성능이 구체화되면서 환경을 관찰하고 복잡한 관계들을 이해하는 능력도 점차 발전하고 있다. 기본적 모니터링 시스템, 데이터 스트림, 바이오센싱 기기는 기계와 우리가 상호작용하는 방식, 인간들이 서로 교류하는 방식을 전적으로 바꾸고 있다. 이런 디바이스는 생물학적 요소와 물리 화학적 탐지 기능을 결합하는데 인체, 파이프, 균열 등에 들어가서 인간으로서는 다다를 수 없는 부분을 감지한다.

개별적인 디지털 포인트를 서로 연결하는 일은 매우 복잡한 작업이다. 현실 세계에서 제대로 작동하는 시스템을 디자인하고, 구현해내고, 최대 성능을 발휘하게 만드는 일은 아주 어렵다. 사회적·심리적 저항 외에도 넘어야 할 기술적·실질적 장애물들이 존재한다. 물리적 차원의 인터넷 접근성 문제, 시스템 부품 고장, 오작동, 소프트웨어 버그들, 시스템, 기관 사이의 데이터 공유, 소유권 문제, 다른 시스템과의 경쟁, 시스템 업그레이드, 패치, 노후화 등 셀 수 없는 요소들이 존재한다.

빅데이터와 분석 시스템을 통해 신뢰할 만한 데이터를 생성하고 수집하며, 사용자들에게 서비스를 제공하는 정보·기술 시스템과 엔드 포인트end point[사용자가 자주 사용하는 데스크톱 컴퓨터, 노트북 같은 장비나 자주 접속하는 웹서버, 파일 전송 서버 (FTP) 등을 의미: 옮긴이] 구축 작업에도 방해물이 존재한다. 이런 상황에서 정부, 기업, 개인들이 사려 깊고, 다차원적이고, 창의적인 방법으로 사물인터넷에 접근해야 할 필요가 있음은 분명하다. 사람들이 일상 속에서, 직장에서 사물인터넷 시스템을 어떻게 활용하는지 이해하고, 우려되는 오남용에 대비하는 일도 필요하다. 사물인터넷이 최종적으로 우리를 어디로 데려갈 것인지도 검토해야 한다. 사물인터넷이 이미 충분히 빠르게 돌아가고 있는 우리 일상생활의 속도를 더욱 빠르게 하는 데 그칠지, 또는 새로운, 진정한 이익을 가져다줄지에 대해서 조망할 필요가 있다. 그 결과가 단지 무의식적인 자동화가 될 것인지, 또는 환상적인 개선을 가능하게 할 것인지도 생각해야만 한다.

기술 표준화

사물인터넷의 확장은 이미 전개되고 있으며 그 점은 분명하다. 유비쿼터스, 편재형 커뮤니케이션 네트워크, 주변 환경의 사건들을 감지하는 센서, 방대한 데이터를 샅샅이 조사해서 정보와 지식을 비트와 바이트의 형태로 전환하는 컴퓨터는 사물인터넷의 일부다. 사물인터넷이 우리 주변에 있긴 하지만, 우리는 커넥티드 디바이스를 의미 있게 활용할 수 있는 길의 입구에 섰을 뿐이다. 웹이 처음 세상에 선보여졌을 당시, 웹은 비록 엉성했지만 우리는 가상 세계의 놀라운 면모를 확인할 수 있었다. 마찬가지로 오늘날 커넥티드 디바이스와 스마트 시스템도 이제 적용되기 시작하는 초기 단계에 있다. 현재 단계에서 커넥티드 디바이스는 제한된 기능, 특성, 가치를 협소한 특정한 분야에서만 한정적으로 제공한다.

여러 프로토콜과 기술 표준 사이에 벌어지고 있는 전쟁은 사물인터넷이 강건하고 모두를 아우르는 시스템이 되지 못하도록 막는 주된 장애물이 되고 있다. 하이테크 분야에는 이런 갈등이 항상 존재해왔다. 각기 다른 하드웨어 표준, 운영 체제, 파일, 문서 형식은 기업 경영자들과 소비자들에게도 골칫거리였다. 최근에 들어서야 비로소 컴퓨팅 환경이 성숙해지자 표준 파일 포맷, 통합 메시징, 클라우드 컴퓨팅 등 강력한 메커니즘과 도구들이 더욱 긴밀하게 연결된 디지털 세상으로 이어지는 다리를 만들어주었다. 이런 진화는 정보 기술의 소비자화consumerization of information technology로 불리며 이용성을 개선시켰고 생산성 증대를 통한 이윤을 가능하게 했다.

이와 동시에 개방형 표준open standard을 확대해 기술 표준을 둘러싼 갈등을 해소하려는 시도도 지속되었다. 1991년 리누스 토발즈Linus Torvalds가 리눅스Linux 운영체제를 처음 출시한 이후 리눅스는 전 세계 절반이 넘는 기업이 사용하고 있으며 정보·기술 분야에서 커다란 영향력을 행사하는 챔피언으로 떠올랐다. 중요한 점은 리눅스의 오픈 시스템과 오픈소스 코딩이 기업 사회 전체에 충격파를 던져주었다는 사실이다. 오픈소스의 개념은 기업들이 비즈니스를 운영하는 방식 자체를 바꾸어놓았다. 사진 촬영이나 개인용 피트니스 디바이스에서, 산업조명, HVAC(난방, 통풍, 공기조화) 시스템 분야에서 기업들이 폐쇄형 플랫폼walled garden 안에서만 작동하는 상품을 제조하고 판매하려는 시도는 점차 어려워지고 있다. 오늘날 상품이나 앱은 통합형 기계나 코드들로 구성된 시스템이라는 커다란 바퀴 가운데 한 개의 톱니에 지나지 않을 정도로 비중이 작다.

산업 시스템과 소비자 디바이스 사이의 보이지 않는 벽을 무너뜨리는 것은 어려운 일이다. 많은 기업이 여전히 전유적 기술proprietary technology에 집착하는 이유는 그래야 시장에서 유리하다고 믿기 때문이다. 기업 경영자들은 오픈 시스템이나 API를 택하면 자신을 희생하고 경쟁자들에게 이익을 준다고 여기고 전통적 보호주의 정책을 유지한다. 그러나 기업과 기술이 점진적으로 진행되는 일반적 경로를 살펴보면 산업계와 사회는 어느 순간 이런 비교 우위가 무가치해지거나 오히려 비교 열위competitive disadvantage가 발생하는 임계점에 도달하게 된다.

이런 현상은 오늘날에도 충분히 관찰이 가능하다. 예를 들어 전자식 타자기나 필름 카메라는 가장 잘 설계되고 정교한 모델이지만 대중에게 주는 편익은 미미해지고 말았다. 디지털 디바이스가 지배하는 지금 전자식 타자기나 필름 카메라는 비즈니스 기회를 찾기 어렵다. 차량이나 전자 제품의 기능만 제어할 수 있는 앱도 마찬가지이다. 사물인터넷의 초기 단계에는 이런 한정적 기능만 가진 제품도 소비자들을 충분히 매혹했다. 그러나 커넥티드 디바이스의 혁신이 발생하기 시작하면서 소비자의 기대치는 더 높아졌다. 스마트폰으로 자동차 시동을 걸거나 앱을 통해서 집 온도를 조절할 수 있다는 점이 커넥티드 디바이스의 진정한 장점은 아니다. 진정한 장점은 커넥티드 디바이스가 광대한 네트워크를 통해 데이터를 공유하고 그렇게 취합한 데이터를 혁명적으로 활용할 수 있다는 점이다.

전유적 권리에 의존하는 기술적 상태와 탈출구 사이의 경계에서 길을 찾는 비즈니스 기업들이 직면한 도전 과제는 새로운 연결된 세계로 옮겨가는 것이다. IBM, 노벨Novell, 베이 네트웍스Bay Networks, 시스코 시스템스가 고수하던 전유적 네트워크 프로토콜은 범용 기술 기준commons standard에 밀려나 사라지고 말았다. 그러므로 전유적·폐쇄적 사물 인터넷 시스템은 사회에 최대치의 효용을 실현해주는 개방형 환경에 궁극적으로는 자리를 내주게 될 것이다. 전유적 제품에 집착하는 기업들은 변화에 뒤처져 더 이상 쓸모없는 존재가 될 위험을 부담하는 셈이다.

오늘날 우리는 일상에서 접하는 디바이스와 시스템을 당연한 것으로 여긴다. 그러나 상상해보자. 자동차 제조사들이 각기 다른 통제 장치를 사용하도록 차를 만든다면 어떻게 될까? 운전자들은 어떤 차에서는 조이스틱으로, 다른 차에서는 컨트롤 바control bar로 운전해야 하는 상황이 올 것이다. 만일 이메일 시스템이나 전화가 다른 회사로는 연결되지 않는다면? 이런 문제는 이동통신이나 이메일 기술의 초창기에 실제로 발생했던 사례다. 전자 제품 제조사마다 각기 다른 물과 전기 배선을 요구한다면? 그렇게 된다면 제품 가격과 복잡성은 높아지고, 판매량과 사용량은 추락할 것이다.

전유적proprietary 방식의 사물인터넷이 도입된다면 앞서 설명한 것처럼 커넥티드 디바이스는 섬처럼 고립될 것이다. 전유적 시스템의 사물인터넷을 고집하는 집주인은 전등, 보안 장치, 온도 조절계, 잠금 시스템, 차고 문 등 기기를 중앙 앱 또는 컨트롤 패널을 통해 동시에 제어할 수 없다. 기업도 쇼핑몰, 영화관, 스포츠 경기장에서 타깃 고객층에 프로모션이나 체험 기회를 주기 위해 더 많은 비용을 써야 할 것이고 그 과정도 복잡해질 것이다. 각각의 장소에서 데이터에 접근해 원하는 작업을 처리하려면 각기 다른 앱, 도구, 기술을 적용해야만 하기 때문이다.

기업들은 이미 사물인터넷과 관련해 견고한 기술 표준이 필요하다는 점을 인지하고 있다. 국제전기전자공학회IEEE는 커넥티드 시스템의 발전을 위해서 몇 가지 기술 표준 및 프로토콜을 설정했다. 국제전기전자공학회 기술표준협회 의장 카렌 바텔슨Karen Bartleson은 기술 표준이 사물인터넷을 '결합 조직connective tissue'(체내에 널리 분포하며, 장기, 조직 사이를 메우고 지지하는 조직: 옮긴이)처럼 만든다고 표현했다. 개방형 모델의 기술 표준은 네트워크, 센서, 의료 기기, 스마트 홈과 빌딩, 스마트 도로, 스마트 도시 그리드smart city grid 등 많은 영역에 적용된다. 또 다른 표준화 그룹으로 국제전기통신연합ITU이 주도하는 사물인터넷 글로벌 표준화 이니셔티브IoTs Global Standards Initiative가 있다. 이 이니셔티브는 사물인터넷의 기술 표준에 적용되는 프레임워크를 구축하려고 활동을 하고 있다. 한편, 올신 얼라이언스AllSeen Alliance는 사물인터넷 제품, 시스템, 서비스를 위한 오픈소스 플랫폼을 설계하고 있다.

기업과 정부도 사물인터넷 기술 표준 설정에 참여하고 있다. 2014년 3월, AT&T, 시스코 시스템스, 제너럴 일렉트릭, IBM, 인텔 등은 센서, 객체, 거대한 산업적 기계 시스템을 연결하는 공학적 표준을 설정하기 위해 협력하겠다고 발표했다. 미국 백악관 등 정부 주체들도 표준화에 참여해 협력을 통한 상호운용성을 더 심화시키려 하고 있다. AT&T의 수석부사장 아비 잉글Abhi Ingle은 ≪뉴욕타임스≫의 한 기사에서, "정보통신 산업계에서는 사물인터넷이 진정한 발전을 이루려면 더 향상된 상호운용성, 빌딩 블럭building block, 기술 표준이 필요하다는 결정에 이르게 되었습니다"라고 말했다.[1]

사물인터넷에서 기술 표준과 프로토콜은 초소형 기계들이 전기나 배터리 전원을 이용하는 방식부터 디바이스가 서로 소통하고 데이터를 교환하는 방식까지 모든 영역에 걸쳐서 필요하다. 데이터 운영자를 위한 케이블 기술, 회계 원칙, 지불 시스템 같은 다양한 주제, 기업들이 데이터를 거대한 데이터베이스에 추가하는 방식과 이를 준수하기 위한 보안 기준도 표준화 영역에 포함된다. 공통된 기술 표준과 데이터 관리 등에 대해 명확한 정책을 제시하지 않는다면 사물인터넷에 잠재되어 있는 어마어마한 경제적·실용적 가능성은 절대로 실현될 수 없을 것이다.

사물인터넷 기술에 대한 수용 곡선 분석

사물인터넷을 가로막는 장애물은 기술 표준 외에도 여러 가지가 있다. 낡은 기술이나 오래된 소프트웨어 등 레거시 시스템legacy system에 의해 작동되는 장비, 과거 산업 시스템을 현재의 기술 표준에 맞추느라 소요되는 비용, 시간, 자원은 무시하지 못할 장애물이다. 시스템을 업그레이드하고 새로운 부품을 장착하느라 시스템을 뜯어고치는 작업은 수년에서 수십 년이 걸리기도 한다. 이렇게 시간이 많이 드는 것은 회사들이 시스템 수명이 다하거나 투자를 통해 막대한 이익을 거둘 수 있다고 확신할 때만 시스템을 교체하지, 새로운 기술이 나왔다고 즉시 교체하지는 않기 때문이다.

물론 소비자 선호, 기술적 역량, 비즈니스 조건은 변화한다. 신제품을 남들보다 먼저 소비하는 얼리 어답터는 커넥티드 환경이 가지는 장점을 알아챌 수 있으며, 과감한 변화를 택하는 소수의 기업들은 우위를 선점할 수 있다. 그러나 얼리 어답터는 막다른 길에 맞닥뜨리거나, 다른 시스템으로 교체해야 하는 비용 지출의 위험을 언제나 부담하기 마련이다. 시간이 흘러서 시장 환경이 충분히 성숙해지면 신제품의 가격은 크게 떨어지고 기업과 소비자는 새로운 기술이 얼마나 쓸모 있는가를 시험해본다. 이런 과정을 거치면서 신기술은 임계점을 넘어서서 새롭게 주류로 채택되는 것이다.

종래의 방식을 버리고 커넥티드 디바이스와 시스템으로 전환한 이후 막대한 수익을 거두고 지출 비용을 절약한 기업도 있다. 세계적 항공기 제조업체 에어버스Airbus가 그 사례다. 에어버스는 데이터 추적 도구, 로지스틱스 미디어, 날개 제작 과정에 RFID를 이용해 실시간으로 상황을 파악하는 스마트 공장 시스템[2]을 개발했다. 이 시스템은 비효율적 공정과 작업 흐름을 꿰뚫어볼 수 있게 해준다는 장점이 있었다. 원할 때는 언제든지 도구나 장비의 위치를 찾아낼 수 있다. 에어버스는 비행기 한 대의 제작에 들어가는 3000여 개 부품들을 수동식 RFID 태그를 부착하거나 다른 기술들을 이용해 실시간으로 파악하고 있다.

RFID와 다른 기술을 결합해 1만 3000킬로미터가 넘는 선로 위의 열차를 모니터하는 스웨덴 교통부도 있다. 스웨덴 교통부는 커넥티드 시스템을 도입해 적어도 5%의 운영 및 유지 비용을 절약했다. RFID 프로젝트 매니저 안데르손Lennart Andersson은 이보다 더 중요한 장점으로 선로 손상과 열차 탈선 등의 위험 감소를 꼽았다. 이는 천문학적인 비용과 엄청난 인명 피해, 시스템 손상과 이에 따른 서비스 및 스케줄의 대혼란을 방지한다는 점에서 큰 의의가 있다. 마지막으로 이 기술은 많은 시간을 소요할 뿐만 아니라 실수할 가능성이 많은 서류 작업과 수동식 모니터 작업을 줄이는 효과도 불러왔다.

이 책의 앞에서 커넥티드 시스템의 기능을 열거했지만 이는 극히 일부에 지나지 않는다. 에어버스와 스웨덴 교통부에 부품을 공급하는 사업자들과 많은 기업은 장비에 센서를 부착한 이후 엄청난 생산성 향상을 경험할 수 있었다. 기계 부품들이 서로 소통하고 정보를 교환해 기계 작동 패턴이 개선되었기 때문이다. 이런 적절한 소프트웨어만 갖춰진다면 전반적 환경 변화가 가능하므로 스마트 기계, 스마트 공장, 스마트 도시로 탈바꿈시킬 수 있다.

더 나은 센서를 개발하기

센서는 사물인터넷의 눈, 귀, 코, 손가락과 같다. 센서들은 사실상 사물인터넷이 작동할 수 있게 만드는 마법이다. 지난 25년 동안 정교해지고 작아진 센서, 전자 기기, 나노 기술은 소비자와 기업 시스템의 여러 분야를 재정의하는 수준으로 커다란 변화를 일으켰다. 예를 들어 호주 뉴사우스 웨일즈 대학 연구진은 독성 가스를 감지하고, 적분 회로를 만들고, 생물 분자를 살펴보고 분석할 수 있는 조그만 '랩온어칩lab-on-a-chip'을 발명했다.[3]

오늘날 장치들은 대기나 물의 오염 농도와 독성 물질을 감지해낼 수 있게 되었다. 이들은 또 진동을 측정해 다리나 터널과 같은 구조물의 극히 작은 변화까지 파악할 수 있다. 차량에 부착된 센서들은 자동 주차를 가능하게 하고, 차와 차 사이의 간격도 측정해낸다. 보안 시스템에 내장된 모션 센서는 어떤 변화가 발생하면 경고음을 울려 사람이 신속하게 문제를 파악할 수 있도록 돕는다. 강도 등 중대한 범죄에 증거를 제공하는 것은 물론이다.

정확히 말하면 조명, 소리, 자기장, 동작, 수분량, 중력, 전기장, 화학물 등을 감지하고 촉각 기능까지 갖춘 모델 등 수많은 종류의 센서들이 있다. 과거의 센서들은 주변 환경 조건을 측정하기 위한 목적으로 아날로그식 로테크low-tech 방식을 사용했다. 예컨대 몇 세기 동안 사람들은 계측기에 담긴 액체의 팽창과 수축을 측정하려고 수은이 들어 있는 유리 튜브로 만들어진 온도계에 의존했다. 기압 측정계와 습도 측정계 등의 장치도 날씨 변화를 감지하기 위해 압력, 진공 등 시스템을 사용했다. 이런 장치들은 아날로그 기기에서 매우 유용하게 쓰였다.

그러나 디지털 기술이 등장하면서 변화가 일어났다. 오늘날 미소 전자공학 장치는 과거 아날로그 및 기계적 장치 가운데 가장 정교한 것과도 비교할 수 없을 정도로 정확하게 측정해낸다. 이 장치들은 단 하나의 마이크로칩 안에 수많은 기능을 담을 수 있으며, 일반 이진법 코드에 의존해서 실시간으로 데이터를 주고받을 수 있다. 게다가 여러 센서를 연결하거나 로봇 장치 등의 기계에 연결함으로써 여러 요소 간의 상호 관계와 물리적 세계의 시스템에 깊은 통찰력을 제공할 수 있다. 간단히 말해 이 기술은 그 이전에는 아무도 도달할 수 없던 영역으로 우리를 올려준 것이다.

개발된 센서 기술들 가운데 가장 흥미로운 것은 미세 전자 기계 시스템MEMS이다. 미세 전자 기계 시스템이 메시 네트워크나 스마트 더스트 네트워크smart dust network에 연결되면 다양한 전자 부품과 시스템에 더 쉽게 통합될 수 있다. 스마트 더스트는 컴퓨팅 능력이 있으며, 양방향 무선통신 기능 및 전력 공급용 부품도 갖추고 있다. 자가 동력용 부품은 면적이 2×2 밀리미터도 되지 않고 먼지 분자보다 작다. 이런 초소형 센서 디바이스를 이용하면 오래된 기계에도 사물인터넷에 데이터를 전송할 수 있는 아날로그 디지털 컨버터를 장착할 수 있다. 빛, 압력, 진동과 자기력 등을 측정하기 위해 만들어진 스마트 더스트 센서들은 개당 1달러도 되지 않는데, 이는 몇 년 전 10달러에 비해 낮아진 가격이다. 비용이 감소한 결과, 이 기술은 의학에서 기상학에 이르기까지 전 분야에서 광범위하게 사용하기에 적합해졌다.

그러나 센서가 사물인터넷과 제대로 호환되려면 더 발전할 필요가 있다. 예를 들어 연구자들은 냄새, 맛의 감지 등 복잡한 기능을 탑재한 전자 센서를 개발하고 있다. 고성능 센서를 개발하는 데 성공한다면 요리하는 방식, 레스토랑 고르기, 질병의 조기 발견에 이르기까지 거의 모든 분야에서 혁명이 일어날 것이다. 이미 고성능 센서에 대한 연구는 공상과학 소설의 수준을 뛰어넘는 진척을 보였다. 2013년 7월, ≪크로마토그래피B 저널Journal of Chromatography B≫에 게재된 한 논문[4]은 개들이 냄새를 통해 인간의 멜라토닌을 구분해낼 수 있다는 점을 지적했다. 연구진은 동일한 생체 지표를 이용해 냄새로 암을 초기 단계에 잡아낼 수 있는 나노 기술 센서를 개발했다.

런던 시티 대학의 에이드리언 데이비드 척 교수는 인터넷을 통해 촉각, 후각, 미각 정보를 주고받을 수 있는 장치를 개발했다. 이외에도 다른 여러 시도가 이루어지고 있는데, 그 가운데 샌프란시스코에 위치한 애더먼트 테크놀로지Adamant Technologies가 개발한, 후각 및 미각 정보를 디지털화하는 프로세서가 주목받고 있다. 이런 센서 기술들을 머지않은 미래에 스마트폰에서 사용하게 될 것이다. 애더먼트 테크놀로지의 시스템은 2000여 개의 센서를 이용해 향기와 맛을 감지해낸다. 인간의 코에 존재하는 감각세포의 수가 400개에 불과하다는 사실에 비추어 볼 때 충분한 수치다. 이 시스템은 입 냄새가 나는지, 운전하기 전에 허용치보다 많은 술을 마셨는지 알려줄 수 있을 것이다. 그리고 사물인터넷의 진단 기능을 이용해 사용자의 호흡을 관찰하면 천식 발작을 미리 경고해주거나 폐렴이나 흑색종과 같은 질병을 감지할 수도 있다.

인간의 혀와 뇌를 연구함으로써 전자 미각 시스템을 구축하려는 연구자들도 있다. 이들은 설탕, 지방, 염분, pH 레벨 등 물질과 특성을 유형적 프로필로 변환해주는 센서와 수용기를 활용해 기계 미각machine taste 능력을 한 차원 높게 끌어올리려 한다. 예를 들어 텍사스 대학 오스틴 캠퍼스 연구진은 전자 미각을 감지하는 센서를 개발했다.[5] 센서 칩은 다섯 종류의 맛, 즉 신맛, 짠맛, 쓴맛, 단맛, '맛있음'의 척도로 여기는 감칠맛을 측정한다. 이런 전자 미각 기술은 의약, 환경생물학, 화학, 음식 및 음료 제조업 등 여러 분야에서 활용될 것이다.

신뢰성이 가장 중요하다

안전한 시스템의 구축은 운송과 안전 등의 분야에서 매우 중요하다. 새로운 디지털 기술로 이행하는 것은 몇 년 전 까지만 해도 상상조차 할 수 없던 가능성을 열어주지만, 동시에 더 많은 변수, 과제, 위험 요소를 던져주기도 한다. 사물인터넷의 핵심은 지속적이고 신뢰할 수 있는 기계와 인간 간의 소통이다. 보험중개회사 레이먼드 제임스 어소시에이츠Raymond James and Associates에 따르면 기계-기계의 연결 수는 소비자 디바이스를 제외한다고 해도 2012년 15억 개에서 2017년 40억 개로 증가할 것이다. 이런 증가 추세는 그 이후에도 더 가속화될 것이다.

사물인터넷이 의존 가능하고 예측 가능한 결과를 가져오려면 도시의 정비된 도로와 같이 데이터 흐름을 지탱할 통로가 구축되어야 한다. 그리고 이 통로는 중요한 데이터를 제대로 암호화시킬 수 있고 강력한 보안을 갖추어야 한다. 시스템이나 커뮤니케이션 프로토콜에 문제가 생겨도 그 통로를 경유하는 데이터는 우회해서 계속 전달될 수 있어야 한다. 때로는 장치에 복수의 커뮤니케이션 시스템을 포함시키거나, 연결이 회복될 때까지 데이터를 기기 내부에 임시적으로 저장caching해두거나, P2P 기기의 기능을 사용해서 인터넷 연결이 끊긴 상황에서도 데이터 전송을 가능하게 하는 등의 방법 등을 생각해볼 수 있다.

시스템 설계자들은 유선 및 무선 커뮤니케이션 프로토콜을 혼합한 기계-기계 시스템을 구축해서 데이터 흐름이 끊이지 않도록 유지시켜야 한다. 유선 커뮤니케이션 프로토콜에는 이더넷, 전선, USB, 광섬유, 모뎀, 시리얼 케이블, 개방형 제어 네트워크 기술을 뜻하는 론워크LonWorks가 있고, 무선 커뮤니케이션 프로토콜에는 근거리 무선통신, 블루투스, 지그비, 이동통신, 위성 시스템, 와이파이 등 무선 주파수RF 기술이 존재한다. 하나의 공간이나 환경에서 여러 기술과 커뮤니케이션 프로토콜을 동시에 복합적으로 사용해야 하는 경우도 존재한다.

예를 들어 GPS는 차고 안에 주차된 차를 찾을 때는 전혀 도움이 되지 않는다. GPS 신호는 콘크리트와 철 구조물을 통과하지 못하기 때문이다. 이 경우에 이동통신 기술cellular, 비콘beacon, 또는 파인더finder 같은 보조적 기술이 필요하다. 이와 유사하게 블루투스 기술을 내장하는 어떤 시스템은 데이터가 디바이스를 거쳐서 흐르도록 해주기도 한다. 즉, 데이터는 인터넷에 연결되지 않거나 연결이 해제된 스마트폰이나 태블릿 PC를 거쳐서 의도했던 목적지(앱이나 데이터베이스)로 이동할 수 있다. 이런 식으로 데이터는 사물인터넷에 통합된다.

사물인터넷은 또한 센서, 스마트폰, 태블릿, 웨어러블 기기 등에 전원을 공급하기 위해 고성능 배터리를 필요로 한다. 전원이 들어오지 않는 장치는 무용지물이기 때문이다. 그렇기에 오늘날 사물인터넷이 직면한 가장 큰 문제는 배터리 급속 충전 장치와 지속적 재충전 장치이다. 향상된 알고리즘을 이용해 디바이스를 언제 사용해야 하는지, 특정 기술들을 꺼두

어도 되는지 등을 알려주는 차세대 배터리를 개발하는 연구가 활발히 진행되고 있다. 또한 자기 유도, 스크린에 장착된 태양열 패널, 사용자의 움직임을 이용하거나 주변의 텔레비전, 와이파이 또는 핸드폰 신호에서 에너지를 뽑아 무선으로 배터리를 재충전하는 기술도 연구되고 있다.

맥락에 맞는 데이터의 사용

디지털 시대가 무르익어가면서 '빅데이터'는 사물인터넷 세계의 중심에 위치하게 되었다. 그 이유는 간단하다. 무섭게 증가하는 센서들, 디바이스들, IT 시스템이 막대한 양의 데이터를 생산하고 있기 때문이다. 소셜 미디어, 메시지 스트림, 오디오, 비디오, 문서의 바다가 이에 기여하고 있다. ABI 리서치에서 모바일, 전자 기기, 콘텐츠를 연구하고 있는 마이클 모건Michael Morgan은 이렇게 말한다. "몇 가지 기능을 가진 소프트웨어와 결합시키기만 하면, 그 결과물은 기능의 총합을 뛰어넘는 역량을 지니게 됩니다. 카메라, 마이크, 센서는 서로 결합되어 장치의 지능을 극적으로 향상시킬 수 있습니다. 하지만 적절한 데이터를 적절한 방법으로 사용하는 게 중요합니다."

미소 전자공학 분야에서 계속 이루어지는 기술적 진보가 수

십 년 이내에 사물인터넷과 빅데이터를 재정의할 것이라는 점은 분명하다. 사물인터넷과 센서의 결합에서 가장 문제가 되는 점은 스마트폰 안의 음주 측정기, 부패한 음식을 잡아내고 공공장소에서 폭발물의 미세한 농도를 감지하는 RFID 태그 같은 새로운 기능이 아니다. 문제가 되는 것은 데이터를 축적하고, 정확한 필터링을 통해 맥락에 유효한 결과물만 솎아서 보여주는 스마트 시스템이다.

전통적 접근법에 해당하는 구조적 데이터베이스는 사물인터넷과 잘 호환되지 않는다. 그러므로 태그와 식별자가 탑재된 데이터를 분류해 상황에 맞는 일부만을 추출하기는 어렵다. 세계 각국의 식품 제품에 대한 정보와 데이터를 수집하는 'Open Food Facts', 모바일과 웹 개발자들이 앱에 콘텐츠로 사용할 수 있도록 식품 정보를 제공하는 'Simple UPC' 같은 프로젝트들은 스마트폰 등 커넥티드 디바이스를 통해 광범위한 데이터베이스를 구축하려고 시도하고 있으며 이를 위한 실험의 초기 단계를 진행하고 있다. 이메일, 오디오나 비디오 파일, 소셜 미디어가 생산하는 비구조적 데이터는 그것을 이용하기 위해서 나타나는 더 복잡한 문제를 낳는다.

결과적으로 우리에게 필요한 것은 모든 데이터를 이해할 수 있는 고급 알고리즘과 소프트웨어 코드다. 코드가 있어야 공항에서 일반 수하물을 폭발물로 오인해 경고음을 울리는 상황이 일어나지 않을 테니 말이다. 이런 실수는 대규모 패닉 상태를 초래할 수 있고 대피 명령에 따라 이동하는 도중에 부상자가 속출할 수 있으므로 철저하게 방지해야 한다. 물론 그보다 중요한 것은 정말로 존재하는 폭발물을 잡아내는 능력이다. 폭발 사고는 대규모 인명 피해, 관광산업에서 막대한 경제적 피해 등 측정 불가능할 정도의 피해를 남기기 때문이다.

물리적 세상에서 제대로 작동하는 커넥티드 시스템을 구축하는 과정에서 핵심은 상황 맥락적 데이터다. 스마트 빌딩, 교통 인프라, 보안 시스템, 수십 억 개의 사물들, IP 주소, 데이터 창출점으로 구성된 스마트 도시smart city를 구축하려면 현재의 데이터 관리 기술보다 더 높은 수준의 기술이 필요하다. 수십, 수백 억 개의 기기가 컴퓨터로 데이터를 보낸다면 데이터 수집, 저장 및 분석에는 커다란 변화가 발생하게 된다. 기업들이 데이터를 수집·정리해 의사결정에 사용하는 비즈니스 인텔리전스Business Intelligence와 분석 도구는 거대하고 복잡한 구성을 가진 데이터 세트를 감당하지 못할 것이다.

사물인터넷이 성장하면서 통합된 클라우드 및 분산형 컴퓨팅은 부분적 해결책을 제시해줄 것으로 기대된다. 통합된 클라우드 및 분산형 컴퓨팅은 가치사슬의 과정에서 데이터 처리 및 분석을 위한 자원을 늘려주며 그 자원을 언제든지 즉각적으로 필요한 지점에서 사용할 수 있다. 또한 클라우드 및 분산형 컴퓨팅은 클라우드를 통해 연산 자원을 불러오거나 감소시킬 수 있는 대단히 탄력적인 연산 역량을 가지고 있다. 그러므로 클라우드 컴퓨팅의 서비스 솔루션을 만드는 업체들vendors은 이런 연산 역량을 활용해 많은 데이터를 처리하는 기능을 제공할 수가 있다. 또한 클라우드 및 분산형 컴퓨팅은 적은 비용으로 오픈소스 도구들을 제공한다. 이 도구들은 데이터의 상이한 유형과 형식을 결합하고, 복잡한 관계 및 상호 관계에서 유용한 정보를 추출하는 작업을 단순화시킨다.

그러나 정교한 연산 기능과 데이터 관리 모형이라고 해도 스마트 도시와 스마트 시스템으로 가는 여정에는 아직 걸림돌이 많다. 누가 데이터를 소유할 것인지, 기관들은 어떻게 데이터의 정확성을 검증할 것인지, 또 데이터 사용료는 얼마를 내야 하는지, 얼마나 오랫동안 데이터 보관을 하도록 할지, 각기 다른 분야의 사용자에게 어떤 형식으로 데이터를 제공할 것인지 등의 문제가 남아 있다. 물론 소비자들도 데이터 프라이버시와 관련해 발언권이 있다. API 등 데이터를 연결하는 도구들은 소유권 및 상호운용성과 관련한 다양한 질문들을 던지고 있다.

엔지니어, 제품 설계자, 개발자들이 심화된 데이터 모델과 분석 시스템을 구축한다면 이 세상의 거의 모든 것을 다시 정의할 수 있는 고도로 진화된 시스템이 될 것이다. 차세대 소프트웨어와 알고리즘으로 가능한 상황 인지 기능은 기계의 작동 방식과 개인용 디바이스에 대한 사람들의 관점과 사용 행태를 모두 바꿔놓을 것이다. 예를 들어 스마트폰은 주머니나 지갑에 안전하게 보관되어 있는 상황과 사용자가 비행기를 놓치지 않기 위해 달리는 상황을 구분해서 인식하고, 이에 맞춰 벨소리 크기와 방해 금지 기능을 자동으로 설정할 것이다. 또한 사용자가 숙면을 취해야 하는 상황과 아침에 깨워주는 알람이 필요한 상황을 구분해 인식할 것이다. 의류, 신발 등 물리적 사물에 탑재된 센서들은 심박수, 땀을 흘리는 정도, 칼로리 소비량 등을 분석해 운동 중에 언제 물을 마시고, 언제 에너지바를 섭취해야 하는지 알려줄 것이다.

산업 분야에서도 이와 같은 혜택을 기대해봄 직하다. 사실 이런 역량은 이미 현실화되었다. 예를 들어 핀란드에서는 센서가 장착된 휴지통이 내부에 찬 쓰레기양을 인식해 수거가 필요할 시 트럭에 자동으로 신호를 보낸다. 그 결과 쓰레기 수거 비용의 40%가 절감되는 효과가 나타났다. 프랑스 니스에서는 스마트 주차 시스템이 실시간으로 주차가 가능한 공간을 알려준다. 이 시스템은 교통 체증과 이산화탄소 배출을 감소시키는 성과를 가져왔다. 그러나 이런 사례들은 미래에 나타날 놀라운 기능들에 비하면 조악한 수준이다. 예를 들어 미래에 자율주행 차량 네트워크가 도입되면 도로에 훨씬 더 많은 차량을 수용할 수 있을 것이다. 캐러밴 같은 차도 몇 인치의 간격만 두고 도로를 달릴 수 있다. 그럼에도 충돌 위험은 매우 감소할 것이다. 또한 이 시스템은 신호등을 도로 상황에 따라 조절해줄 것이다. 그 결과 비용이 절감되고 배출 가스가 감소될 것이고 수십, 수백 억 달러가 절약될 것이다.

2013년 5월 국제전기전자공학회IEEE 커뮤니케이션 서베이 & 튜토리얼Communication Surveys & Tutorials에 채리스 퍼레라Charith Perera, 아카디 자슬라브스키Arkady Zaslavsky, 디미트로스 게오르가코폴로스Dimitros Georgakopolous가 기고한 글[6]은 상황 인식 컴퓨팅이 세 종류 상호작용을 한다고 설명했다. 첫 번째는 개인화personalization로서 이용자의 선호에 따라 시스템을 설정할 수 있다. 그 예로는 홈 자동화 시스템 프로그래밍이 있다. 두 번째는 수동적 상황 인식으로서 시스템이 주변 환경을 인식해 사용자에게 적절한 옵션을 추천하는 기능이다. 사용자가 상점에 들어서자마자 쿠폰을 발행하는 기능을 예로 들 수 있다. 세 번째는 능동적 상황 인식으로 시스템이 지속적으로 주변 환경을 모니터링해서 자율적으로 기능하는 것을 말한다. 시스템이 가스 누출을 인식해 자동으로 전기회사에 문제를 보고하는 기능이 이에 속한다. 사물인터넷의 성숙하고 새로운 장치들이 우리의 삶을 더 깊게 들어오면서 우리는 더 많은 놀라운 기능을 경험할 수 있게 될 것이다.

사물인터넷의 불확실한 한계

인터넷이 그랬듯 사물인터넷도 연결된 사물과 디바이스가 묶여 있는 기술, 도구, 시스템의 짜깁기quiltwork가 될 것이다. 따라서 실제적으로 이익을 제공할 수 있는 견고한 커뮤니케이션과 데이터 표준을 구축하려면 공통분모가 필수적으로 요구된다. 모든 장치와 시스템은 적당한 비용, 쉬운 설치, 기능성, 효율적 전원 관리, 높은 유연성, 소비자 최적화customization, 기존의 하드웨어와 소프트웨어 시스템과 커넥티드 디바이스 간 결합, 보안, 프라이버시 보호 등 모든 조건을 조화롭게 충족해야 한다.

이런 두 가지 문제점에 수반되는 위험 요소들은 다음 장에서 다룰 것이다. 이 시점에서 우리가 던져야 할 질문은 사물인터넷이 과연 기업과 소비자들에게 영향을 미치는가가 아니라, 그 영향이 얼마나 클 것이며 우리는 이런 영향력을 고려해 어떻게 접근해야 하는가가 될 것이다.

6

연결된 세계의 현실과
그 파급효과

미래는 여기에

기술의 역사를 돌아보면 기술이 더 행복하고, 건강하고, 여유로운 미래를 만들어준다는 긍정적인 유토피아의 시각으로 가득 차 있었다. 새로운 기술의 파도가 몰아치면서 여러 가지 변화들이 일어난 것은 사실이다. 이런 변화들 가운데는 긍정적인 변화도 부정적인 변화도, 전혀 의도되지 않은 변화도 모두 존재했다. 그런데 특정한 기술이 우리 사회에 어떠한 변화를 가져올 것인가, 이미 존재하는 다른 기술, 사회 시스템, 각종 요소들과 어떤 반응을 일으킬 것인가를 예측하는 일은 불가능하게 되었다.

사물인터넷도 예외가 아니다. 커넥티드 디바이스와 시스템이 훨씬 더 높은 수준의 자동화, 편리성, 때로는 효율성까지도 선사할 것이란 점에는 이견이 없다. 여기에 더해 사물인터넷은 더 좋은 품질에 저렴하기까지 한 제품과 서비스, 보안과 인간 지식 수준의 제고도 가져다줄 것이다. 예컨대 음식 포장, 의류, 가전제품, 의료 기기 등 평범한 제품에 센서를 부착하기만 해도 완전히 새롭고 훨씬 더 나은 생활이 현실화된다. 갑자기 사물들이 스스로 결함을 인식하고 문제를 해결하며 작업을 더 신속하고 효율적으로 처리할 것이기 때문이다.

이와 비슷하게 시스템이 실시간 데이터 피드나 분석과 연결해 소비자 선호, 쇼핑 패턴 등을 알아내려 할 때, 제조사나 소매업자는 역동적으로 판매나 소비에 변화를 가할 수 있다. 예컨대 재료 구매에서부터 생산 스케줄, 가격 책정과 판매에 이르기까지 최적의 성과를 내기 위해 모든 과정을 변화시키는 것이 가능해진다. 데이터를 더 깊게 파고드는 능력은 운송에서부터 법 집행, 농업과 제조에 이르기까지 모든 분야를 재정의할 수 있다.

생각해보자. 센서가 부착된 스프링클러 시스템은 물을 뿌리는 작업을 간단히 수행할 뿐 아니라 집주인을 위해 에너지 및 비용 절감까지 해줄 것이다. 그리고 이를 인터넷에 연결하면 날씨 데이터를 이용해 비가 오는지 여부에 따라 물을 뿌리는 양을 늘리거나 줄일 수 있다. 여기서 그치지 않고 이 시스템이 도시 전체로 확산되면 날씨 예보, 물 관리, 공공요금 측면에서는 더욱 많은 이득이 생겨날 것이다. 각 시스템이 독립적으로 작동하는 것이 아니라, 여러 가정과 기업이 묶인 네트워크가 함께 작동하면 효율은 더 향상된다. 그러나 만약 해커가 시스템에 침입해서 급수 시설을 붕괴시키거나, 테러리스트가 자율주행 시스템을 교란시켜 도시 전체의 교통 체계를 오작동하게 만들면 어떤 일이 벌어질까?

사물인터넷은 명백히 좋게도 나쁘게도 사용될 수 있다. 범죄자와 테러리스트는 드론을 이용해 스파이 활동을 하거나 공격을 감행할 수도 있다. 비디오카메라나 구글 글라스 같은 장치를 해킹하면 그 피해는 개인들의 프라이버시 침해에 그치지 않고 기밀의 유출로 이어질 수도 있다. 이제 부엌이나 책상에 펴놓은 문서들마저 위험에 처하게 된 것이다. 만약 정부가 전자책e-book 사용자들의 콘텐츠 접근을 막으면 어떤 일이 벌어질까? 종이책들은 여전히 존재하겠지만, 전자책들은 그저 흔적도 없이 사라지게 될 것이다. 실제로 이런 문제가 2009년에 불거졌다. 출판사와 갈등을 빚던 아마존닷컴은 역설적이게도 조지 오웰George Orwell의 소설 『1984』에 사용자들이 접근하는 것을 막았다. 그 결과 전 세계 킨들Kindle에서 『1984』가 일제히 사라지게 되었다.

사물인터넷은 보안, 프라이버시, 우리의 디지털 생활 방식 등에 새로운 문제와 과제를 던져줄 것이 분명하다. 그 결과 우리 사회에는 새로운 논쟁과 분열이 발생할 것이다. 여기에 더해 디지털 장치를 가진 자와 가지지 못한 자의 간극에 대한 질문도 계속해서 생겨날 것이다. 또한 간과하지 말아야 할 점은 사물인터넷이 우리의 사회적 관행에 지속적으로 유의미한 변화를 가져옴에 따라 이를 통제하고 관리할 새로운 법이 요구된다는 사실이다.

인간적인 요소들

모든 테크놀로지가 직면하는 가장 큰 과제 중 하나는 신뢰성과 보안이다. 많은 경우에 테크놀로지는 인간의 판단, 결정, 부주의라는 위험 요소를 제거해준다. 그러나 동시에 새로운 위협을 가져오기도 하고, 작은 수준에서 그쳤을 사고를 크게 만들기도 한다. 예컨대 2009년 6월 워싱턴 DC에서는 지하철 간 충돌 사고로 아홉 명의 사망자와 여든 명의 부상자가 발생했는데, 그 원인은 컴퓨터의 오작동과 수동으로 브레이크를 잡지 못했던 직원의 숙련 부족으로 드러났다.

인간 요소 전문가들은 이를 '자동화의 역설'이라고 말한다. 자동화된 시스템의 신뢰도와 효율성이 향상되면서, 인간 조작자들이 전등을 끄듯이 정신적으로 업무에 신경을 끄면 자동화 시스템에만 의지하게 된다. 자동화 시스템이 점차 복잡해지면서 오류 확률은 줄어들지도 모르나, 오작동 때문에 사고가 발생하면 그 규모는 더욱 증폭된다. 노스웨스턴 대학 엔지니어링 및 컴퓨터 공학 명예교수이자 닐슨 노먼 그룹Neilson Norman Group의 설립자 돈 노먼Don Norman은 이렇게 말한다. "설계자들은 보통 불충분한 정보에 기반을 둔 추측이나 행동을 한다. 그들은 자신들이 디자인한 시스템이 어떤 식으로 사용될지, 그 시스템이 어떤 예측하지 못한 결과를 불러올지를 생각하지 않는다."

오늘날 자동 시스템 때문에 발생하는 문제를 심심찮게 들을 수 있다. 예를 들어 자동차 운전자는 주변을 잠깐 살펴보기만 해도 틀린 길로 가고 있다는 걸 알 수 있는 상황에서도 내비게 이션이 알려주는 잘못된 길을 무작정 따르는 경우가 많다. 몇 몇 경우에는 자신의 눈과 머리 대신 내비게이션에 의존하다가 절벽으로 가거나 일방통행 도로에서 역주행을 하기도 한다. 연구에 따르면 적응식 정속 주행 컨트롤adapted cruise control 등 자동화 기능을 잘못 사용하는 운전자도 매우 많다. 노먼은 차 량이 고속도로에 진입하면, 갑자기 장애물이 사라진 상황 때 문에 자동 시스템이 차량 속력을 높인다고 지적한다. 이런 상 황에서 운전자가 주의를 기울이지 않는다면 충돌 사고가 발생 할 수 있다.

자동차 운전자, 비행기 조종사, 기차 기관사는 모두 자동 시 스템에 지나치게 의존할 가능성이 높다. 그리고 숙련도를 높 이거나 항상 의식을 깬 상태로 있으려고 노력을 하지 않고, 위 험한 상황이 발생하면 대처하지 못하게 된다. 더 심각한 문제 는 설계자들도 시스템을 구축할 때 틀린 가정이나 불완전한 사실에 의존한다는 점이다. 그들은 개인들이 각 장치나 도구 를 사용하는 방식, 또는 여기에 존재하는 문화적 차이 등을 이 해하지 못한 채로 시스템을 짜거나 그들이 만들어낸 결과물이 사람들의 행동을 어떻게 바꿔놓을지 고려하지 않기도 한다. 노먼은 기계 논리가 항상 인간의 논리와 일치하지는 않는다고 지적한다. 그는 "인간의 실수는 항상 인간이 기계처럼 사고하도록 강요받을 때 발생한다"라고 경고한다.

사물인터넷은 이런 오류를 발생시킬 가능성을 크게 증가시킨다. 수십, 수백, 수천여 개의 디바이스들은 엄청난 현실 세계와의 교차점 real-world intersection points을 만들어낸다. 더 나아가, 디바이스들과 알고리즘이 서로 소통할 수 있게 되고, 그리고 개발자와 기업 간 통일된 표준과 품질관리 기준이 부재하는 현재 상황은 높은 수준에서 기계-인간 machine to-human 소통이 실현되는 것을 가로막는 장애물이다. 호주 그리피스 대학의 인문대 교수 시드니 데커 Sidney W. A. Dekker는 이런 상황을 다음과 같이 지적했다. "어떤 활동이나 과정에는 인간의 직관이 항상 개입하며, 이는 기계가 쉽게 모방할 수 있는 능력이 아니다."

테크놀로지의 역사를 살펴보면 보잘것없는 유저 인터페이스, 모호한 동작 제어, 수많은 결함이 존재했음을 알 수 있다. 모든 테크놀로지가 성숙하기까지는 시간이 소요되고, 수정과 수리 작업도 요구된다. 홈 자동화와 커넥티드 디바이스가 처음 만들어진 지 25년이 넘었다는 사실에 놀랄 필요는 없다. 그러나 매끄럽고 효율적으로 작동하는 시스템을 설치하는 작업은 여전히 어려운 문제라는 점은 변함이 없다. X-10 홈 자동화X10 Home Automation 또는 1세대 연결된 잠금 장치 및 조명 장치를 사용해본 사람들은 수수께끼 같은 인터페이스와 광고한 대로 작동하지 않는 장치들과 씨름해야만 했다.

사물인터넷은 이제 사용성과 실용성의 문턱에 도달했다. 연산 역량이 개선되고, 이동성이 향상되고, 클라우드 컴퓨팅이 성숙하고 빅데이터와 분석에도 상당한 진보가 이루어진 오늘날, 엔지니어, 개발자, 설계자들은 이제 실제로 작동하는 커넥티드 시스템을 만들기 시작했다. 이 시스템 중 상당수는 아무런 훈련이 없이도 사용할 수 있을 만큼 사용자 친화적이다. 그러나 사물인터넷, 특히 산업인터넷의 영역은 일단 대중의 신뢰를 얻어야 한다. 한 대의 커넥티드 카가 오작동하는 것과 교통 네트워크 시스템 전체가 붕괴하는 것은 차원이 다른 문제다. 후자는 엄청난 교통 체증과 대규모 충돌 사고로 이어져 수많은 사상자와 혼란, 경제적 피해를 발생시키게 된다.

의약, 교통 등의 분야에서 안전한 시스템을 구축하는 건 결코 불가능하지 않다. 지난 25년 동안, 상업용 비행기의 추락 사고는 크게 감소했다. 물론 항공 사고 감소에 핵심적인 역할을 하는 건 다중화 제어 시스템redundant system과 훈련이다. 그러나 방대한 데이터를 활용하는 능력과 컴퓨터 시뮬레이션, 모형을 만드는 능력 또한 엔지니어들이 외부 스트레스와 기상 상황 등 환경적 요인이 비행기에 미치는 영향을 잘 이해하도록 돕는다. 커넥티드 시스템에서는 진동과 같은 외부 스트레스를 측정하는 센서가 금속의 강도가 저하되는 현상metal fatigue을 사고가 발생하기 이전 단계에서 발견하게 해준다.

사물인터넷 기술은 실제로 실용적으로 사용될 수 있어야 하며, 사물인터넷 시스템의 복잡성도 사회 내에서 다룰 수 있는 범위 안에 있어야 한다. 그렇지 않다면 소비자와 기업, 정부는 사물인터넷을 멀리할 것이기 때문이다. 퓨리서치센터Pew Research Center가 발행한 보고서 「2025년까지의 사물인터넷의 전개The Internet of Things Will Thrive by 2025」의 공동 저자 재나 앤더슨Janna Anderson은 앞으로의 여정은 마치 비포장도로와 같을 것이라고 설명했다.[1] "우리가 사는 이 시대에는 제대로 작동하지 않는 것들이 매우 많다. 그리고 그 해결책을 아는 이는 아무도 없다."

새로운 기술에 대한 경탄은 시간이 흐르면서 사그라들기 마련이다. 처음에는 신선하고 흥분을 유발하던 대상도 점차 평범해지고, 지루해지며, 때때로 굴레처럼 느껴지기도 한다. 여기에 대한 대표적인 사례가 바로 이메일이다. 오늘날 많은 이메일 계정은 누적된 메시지와 엄청난 양의 스팸과 악성코드에 파묻힌 신세다. 어제는 첨단의 끝을 달리던 운영 시스템과 소프트웨어 인터페이스가, 새로운 소프트웨어 애플리케이션과 도구가 넘쳐나는 오늘날에는 투박하고 사용하기 성가시게 느

꺼지는 경우도 많다.

사물인터넷 시스템은 궁극적으로 정부, 기업, 소비자 모두에게 이득을 가져다주어야 하고, 그 과정에서 패배자를 발생시키면 안 된다. 또한 사물인터넷은 현실적 문제들을 해결해주어야 하며, 그 과정에서 새 문제를 만들어서도 범죄나 환경오염 같은 기존의 문제를 심화시켜서도 안 된다. 하지만 무엇보다 중요한 것은 커넥티드 디바이스가 램프나 토스터와 같이 사용하기 쉬워야 한다는 점이다. 사물인터넷은 적절한 데이터와 정보를 맥락에 맞게, 적절한 시간에 제공해야 하며, 신뢰성도 지니고 있어야 한다. 이는 보안과 프라이버시에 대한 존중과 인간 행동에 대한 깊은 통찰 없이는 불가능하다.

스마트 시스템은 사람들을 바보로 만들까?

스마트 장치의 사용과 관련한 우려 가운데 하나는 이 기술이 우리를 덜 똑똑하게 만들거나, 우리의 지능을 바꿔버릴 것이라는 점이다. 오늘날 스마트폰은 몇만 개의 연락처를 저장하고, GPS 장치는 길을 찾을 필요도 없이 우리를 목적지로 인도하며, 손목 밴드의 앱들은 칼로리 섭취와 피트니스 레벨을 관리해준다. 10년 전까지만 해도 아무도 상상하지 못한 방식이다. 단점은 무엇인가? 사람들은 더 이상 중요한 전화번호도 기억하지 못하며, 지도를 제대로 볼 줄 아는 사람은 거의 없고, 운동 기구가 널려 있는 상황에도 비만 등 생활 습관과 관련된 질병은 점차 심화되고 있다. 이는 디지털 디바이스가 인간들을 위해 더 많은 것을 해줄수록 우리는 자연환경과 생체 리듬과 더 멀어지며, 신체도, 두뇌도 덜 움직이게 된다는 하나의 모순으로 이어진다.

심리학자 더글러스 라일Douglas Lisle은 이런 현상을 '쾌락의 함정The Pleasure Trap'이라고 지적했다. 인간의 뇌는 본래 가장 간단하고 즐거운 일을 하도록 되어 있다. 그러나 간단한 일이 언제나 최선인 것은 아니다. 『생각하지 않는 사람들The Shallow: What the Internet Is Doing to Our Brains』의 저자 니콜라스 카Nicolas Carr는 인터넷에서 팽배한 얄팍한 정보 문화에 대해 의문을 던졌다. 사물인터넷은 명백히 이런 문화를 가속화시킬 것이다. 카는 2008년에 ≪애틀랜틱 먼슬리The Atlantic Monthly≫에 기고한 글[2]에서 다음과 같이 말했다. "이제 나의 뇌는 인터넷이 권하는 방식 그대로 정보를 받아들이는 데 익숙해졌다. 정보는 빠르게 움직이는 분자들의 조각과 같다. 한때 나는 단어들의 바다에 직접 뛰어들어야 했지만, 이제는 제트스키를 타는 것처럼 표면을 훑고 지나갈 뿐이다." 디지털 세계가 우리의 인지적 사고를 어떻게 변화시키는지에 대한 연구는 이제 시작 단계에 있을 뿐이지만, 적어도 한 가지는 분명하다. 우리의 뇌는 새로운 기술을 받아들이는 방식으로 적응하고, 진화할 것이다. 그결과 우리의 지능이 더 향상될지 아니면 인공지능에 밀려나게 될지는 두고 볼 일이다.

사물인터넷과 정보 격차

1990년대에 인터넷이 형태를 갖추어 갈 즈음에 제기된 가장 큰 우려는 디지털에 접근할 수 있는 이들과 그렇지 못한 이들의 격차였다. 정보 격차로 불리는 이 문제의 쟁점은 경제적·사회적 불평등에 있다. 가장 기초적으로는 데이터, 정보, 지식에 접근할 수 있는 이들은 더 쉽게 이익을 창출할 수 있다. 반면에 인터넷을 포함한 디지털 도구를 가지지 못한 이들은 교육, 직업 등 여러 방면에서 기회를 잃게 될 것이다. 이런 관측을 계속 전개하다 보면 인터넷이 정보 격차를 심화시킨다는 결론에 이르게 된다.

사물인터넷의 시대에 이런 우려는 더 심각해진다. 스스로 쇼핑 리스트를 작성하는 냉장고와 센서 기반의 조명 시스템이 누군가의 삶을 붕괴시키지는 않겠지만, 기술적 진보는 연결성에서 소외된 개인들을 멀리 내몰게 될 것이라는 점은 분명하다. 어떤 이들은 살아가는 데 필요한 기초적 도구와 기능을 놓치게 될 것이고, 어떤 이들은 생존을 위해 예전보다 더 힘들게 일해야 할지도 모른다. 이는 호미로 짓는 농사와 콤바인을 이용한 농사 간 격차를 생각하면 이해가 빠를 것이다.

이에 대한 파장은 크게 커질 수 있다. 예컨대 의료 서비스 분야에서, 인체에 이식된 연결 센서와 손목이나 옷에 장착된 웨어러블 디바이스는 엄청난 수준의 의료 진단 능력을 가질 것이다. 의사들은 이런 장치에 의존해 실시간으로 환자의 상태를 살피고 질병을 감시하며 최적의 양으로 약물을 투여할 수 있게 될 것이다. 센서는 또한 심장마비, 뇌졸중, 암과 같은 중병을 조기에 진단해 긴급 상황이 발생하기 전에 환자가 치료받을 기회를 줄 것이다. 그러나 사물인터넷에 연결되지 않은 환경에 놓인 개인들이나 첨단 기술이 미처 보급되지 않은 국가의 국민들은 당연히 이런 혜택에서 배제될 것이다. 이들은 계속해서 과거의 비효율적인 방식을 이용해야 할 것이다.

교육에도 비슷한 우려가 존재한다. 현재, 학교에서 사용되는 사물인터넷은 아직 실험 단계에 머물러 있다. 그러나 커넥티드 디바이스와 태그 시스템tagged system이 제대로 도입되기만 한다면 많은 새로운 기능을 제공하게 될 것이다. RFID 태그가 적용된 연구 환경, 증강현실, 센서가 장착된 태블릿을 통한 교육 환경 개선 등은 새로운 가능성의 몇 가지 사례다. 그러나 디지털 부유층이 이런 혜택을 누리는 반면, 디지털 빈곤층은 희생을 해야만 하는지는 문제다. 디지털 기술의 이용이 과연 더 좋은 경력을 쌓으려는 인간들에게 영향을 미치고, 미래학자이자 작가인 마르셀 블링가Marcel Bullinga의 말처럼 사물인터넷이 '탈숙련de-skilling' 추세를 더 가속화할지도 중요한 문제다.[3] 그는 "아이들은 더 적게 배우면서 더 많은 것을 성취하게 될 것"[4]이라고 예견한 바 있다. 데이터에 언제든 접근할 수 있는 시대에 살게 되면 지식을 쌓을 필요성은 자연히 감소하기 때문이다.

직업군의 하향 이동에 대한 전망

사회에 신기술을 도입하는 데 따른 문제점 가운데 하나는 일자리 감소에 따른 실업 증가다. ≪연합통신AP≫이 보도한 2013년 분석에 따르면 현재 진행되는 기술 발전과 연결 시스템의 증가는 수동적인 작업의 감소로 이어지고 있다.[5] 항공기 부조종사, 여행사 직원, 현금 출납원, 소비자 상담원 등이 쇠퇴하는 직업군의 사례이다. ≪연합통신≫의 분석은 다음과 같다.

노동 시장 전문가들은 사라진 직업들 중 대부분은 다시 나타나지 않을 것이며, 앞으로 더 많은 직업이 사라질 것이라 말한다. 사라져버린 직업들이 모두 공장 노동에 한정되었다는 주장도, 중국 등의 개도국에게 뺏긴 것이라는 주장도 사실이 아니다. 전체 노동자의 2/3이 종사하는 서비스 직업들의 수는 가파른 감소 추세에 있으며, 이를 주도하는 것은 다름 아닌 기술의 발전이다.

『기계와의 경쟁Race Against The Machine』의 저자이자 MIT 슬론 경영대학원 디지털비즈니스센터에서 일하는 앤드루 매커피Andrew McAfee는 다음과 같이 말한 바 있다. "지난 7년을 돌아보면 컴퓨터가 지금처럼 많은 역량을 지녔던 때를 본 적이 없었습니다." 매커피의 저서는 기술 발전이 평균적 미국 노동자에게 가하는 압력과 그 결과로 직장을 잃는 이들에 대한 데이터와 사례, 연구 결과를 제시했다.

그러나 모든 기술 전문가와 경제학자가 이런 명제에 동의하는 것은 아니다. 많은 이는 1800년대 후반에서 1900년대 초반에 이르는 산업사회로 이행하는 과정에도 동일한 문제점이 나타났다고 지적한다. 이런 파괴와 이탈은 고통스러운 것이지만 건강한 사회를 위해 필수적인 과정이라 주장하는 학자들도 있다. 하지만 사물인터넷은 예전의 기술 진보와 비교할 수 없다는 점을 명심해야 한다. 스스로 작동하는 자동 시스템이 사회를 장악하고, 로봇이 등장하고, 공상 과학 소설에 지나지 않던 나노 기술이 실제로 활용되는 사회에서는 어떤 임계점이 다가오고 있음을 부정할 수 없다. 임계점은 인간이 새로운 기술을 이용해 모든 분야에서 기존 방식들을 노후화시키면서 더 가까워지고 있다.

레스토랑과 패스트푸드점에서는 종업원 대신 로봇이 서빙을 전담하고, RFID 태그와 전자 지불 시스템이 자동적으로 거래를 처리하므로 쇼핑을 하면서 굳이 지갑을 꺼내지 않고도 원하는 상품을 구매할 수 있다. 이런 상황을 상상하기는 어렵지 않다. 작은 벌레만 한 크기의 로봇들이 빌딩을 짓거나 지하 광물을 채굴하는 것도 충분히 가능하다. 사물인터넷이 제시하는 가능성은 무한에 가깝다. 기계들이 인간 사고력에 버금가는 수준에 다다르거나 인간의 지능을 능가할 가능성은 여전히 상상하기 어렵지만 분명히 존재한다.

≪연합통신≫의 보도 가운데 특히 우려되는 점은 새로운 산업과 기술이 새로운 직업을 창출하는 때에는 기존의 속도나 패턴을 따르지 않는다는 사실이다. 그렇지만 늘 반복되는 문구도 있다. "선진국들은 앞으로 중상류층의 실업, 사회, 정치적 분열, 생활수준의 후퇴와 좌절을 경험하게 될 것이다."

집중력의 분산

스마트폰과 같은 전자 기기는 이제 소통의 중심으로 부상했다. 그러나 자동차, 레스토랑 등의 장소에서 디지털 디바이스를 사용하는 것을 우려하는 목소리가 여전히 존재한다. 이는 디지털 디바이스가 사회적 소통의 성질에 변화를 주기 때문이다. 그리고 몇몇은 더 심각한 부작용을 경고하기도 한다. 『외로워지는 사람들Alone Together』을 저술한 MIT의 셰리 터클Sherry Turkle 교수는 "신기술이 사람들 사이의 인간적 관계를 거침없이 대체하고 있죠"라고 우려했다.

그 결과는 인간에게 유리하게 작용하지는 않을 것으로 보인다. 연구에 따르면 오늘날의 연결된 세상에서 사람들의 주의력과 집중 시간이 감소하고 있으며 즉각적인 쾌락을 추구하는 문화가 확산되고 있다. 퓨리서치센터 인터넷 프로젝트의 조사에 응한 교사의 87%는 디지털 도구들이 학습에는 "주로 긍정적" 영향을 가져왔다고 보았으나 "주의력이 약하고 쉽게 산만해지는 세대"를 만들고 있다고 응답했다.[6] 그뿐만 아니라 64%는 오늘날의 디지털 기술이 "학생들에게 학문적으로 도움이 되는 것보다 주의력을 산만하게 하는 효과가 더 크다"라고 응답했다. 또 다른 조사는 직장 내에서 많은 개인이 업무 시간의 상당 부분을 페이스북과 트위터를 들여다보는 데 사용한다는 결과를 내놓았다.

비판적 사고 능력도 디지털 기기에 크게 영향을 받고 있는 것으로 보인다. UCLA의 심리학 교수 퍼트리샤 그린필드Patricia Greenfield는 연구를 통해 화면 하단에 위치한 뉴스 훑어보기news crawl, 날씨, 주식 정보가 빠진 채로 앵커가 진행하는 ≪CNN 헤드라인 뉴스≫만 시청한 학생들이 다른 정보들과 함께 영상을 시청한 학생들보다 더 많은 뉴스 내용을 기억한다는 점을 발견했다.[7] 그린필드는 멀티태스킹은 "주어진 정보에 대한 깊은 이해를 방해한다"라고 주장했다.

주의력 분산 문제는 자동차와 보행자의 경우에도 적용된다. 전체 충돌사고 가운데 3분의 1은 운전자의 부주의로 일어나며, 그 원인은 핸드폰 통화를 하거나 문자 메시지를 곁눈질하기 때문이다. 뉴욕 시에서 2008년에서 2011년 사이에 발생한 보행자 및 자전거 운전자들의 부상 가운데 8%는 핸드폰이나 MP3 등 전자 기기의 사용 중에 일어났다는 뉴욕 벨뷰 병원의 연구 결과도 있다.[8] 우리가 던져야 할 질문은 설계자와 엔지니어가 고안한 텔레매틱스 시스템이 복잡한 기능들을 조화롭게 통합시킬 것인가, 아니면 앞에서 살펴본 멀티태스킹의 폐해처럼 더 많은 문제가 이어지도록 방치할 것인가이다.

표정을 분석하는 기술과 사물인터넷이 적어도 자율주행차가 널리 보급되기 전까지는 주의력 분산 문제에 하나의 해결책이 될 수 있다는 점은 아이러니다. 자동차, 조종석, 배의 키에 카메라와 센서를 달아서 운전자가 피곤해하는 표정을 감지하거나 주의력이 떨어졌는지 감시한다. 그 과정에서 눈을 깜빡이는 횟수, 눈꺼풀이 내려간 정도, 머리의 움직임 등 다양한 요소들이 분석된다.

보안과 프라이버시에 대한 우려의 증가

지난 십 년 동안 기술의 발전은 보안과 프라이버시 보호와 관련해 많은 우려를 낳았다. 데이터 유출은 이제 일상적인 일이 되었으며, 프라이버시 유출은 신용 도용 범죄의 급증으로 이어졌다. 정부와 기업은 예전보다 훨씬 높은 사이버 공격 및 데이터 유출 위험과 마주하고 있다. 예컨대 2013년 유니시스Unisys가 시행한 연구는 응답한 미국인의 83%가 신용 도용에 대한 우려를 지니고 있으며, 82%가 신용카드 도용을 두려워하고 있는 것으로 나타났다. 2013년 정보시스템감사통제협회 ISACA가 시행한 또 다른 연구는 대중의 92%가 인터넷 연결 장치에 대해 우려하고 있으며 90%는 자신들의 온라인 데이터가 도용될까봐 두려워하는 것으로 나타났다.[9]

이런 우려는 결코 무시할 만한 것이 아니다. 인터넷을 만들던 당시 개발자들은 사생활 보호와 보안에 대해서는 생각하지도 못했다. 그 결과 오늘날 보안 전문가들은 사이버 범죄자, 그리고 해커들과 쫓고 쫓기는 게임을 하고 있는 상황이다. 새로운 위협이나 유출이 발생할 때마다, 보안 담당자들은 땜질을 하느라 바쁘다. 그 결과 다양한 도구와 접근법, 기술이 탄생하게 되었다. 그런데 어떤 보안 기술도 단독으로 문제를 해결할 수는 없다. 그렇기 때문에 방화벽, 악성 소프트웨어 감지, 엔드 포인트 보안, 암호화, 패스워드 관리 시스템, 네트워크 매핑network mapping, 모니터링 등 위험 상황을 막기 위한 많은 방법이 동시에 사용되고 있다.

또 다른 문제는 모든 디바이스들에 보안을 구축하기란 거의 불가능하다는 사실이다. 사물인터넷은 이미 몇 가지 보안 위협에 노출되며 취약점을 드러낸 바 있다. 인터넷을 통해 작동되는 '베이비 모니터baby monitors'가 보안에 취약해서 해킹된 사례도 있다. 심지어 해커가 자고 있는 아기에게 말을 건네기까지 했다. 또한 해커들은 냉장고와 텔레비전 세트에 침입해 스팸을 보내 기기의 통제권을 빼앗았다. 한편, 연구진이 보안 취약점을 파악하기 위해 자동차와 의료 기기에 해킹을 시도하자 자동차의 경우 운전대가 움직이지 않거나 브레이크가 불능이 될 수 있다는 점이 드러났다. 의료 기기의 경우에는 심장의 기능이 정지하거나 호흡이 멈추었을 때 사용하는 제세동기 또는 인슐린 펌프의 고장을 초래할 수 있다.

앞으로 몇 년 동안, 제조 회사와 보안 전문가들은 사물인터넷이 제기하는 위험 요소들에 대한 해결책을 찾아내야 한다. 기존의 보안 도구들을 재평가하고, 더 새롭고 현명하게 적용할 수 있는 방안이 요구된다. 오늘날 컴퓨팅 장치와 네트워크에 사용되는 방화벽을 사물인터넷 디바이스에도 필수화하는 방안도 가능하다. 이 방법은 디바이스와 데이터에 접근하는 권한을 제한한다. 만일 사물인터넷의 보안을 보장하려는 노력이 충분하지 않다면, 일부 시스템에서는 커넥티드 기술 적용을 보안 때문에 아예 제외해야 할 필요성이 생길지도 모른다. 그 사례로 캘리포니아 주는 2013년부터 보안 및 프라이버시 위험이 증가한다는 이유로 운전면허증에 RFID 사용을 금지한 바 있다.

제품 설계자들과 엔지니어들이 심각한 딜레마에 직면해 있다는 점은 분명하다. 디바이스에 견고한 인터페이스와 컨트롤을 내장하면 편의성은 추가되지만, 이와 동시에 디바이스는 공격 위험에 노출된다. 디바이스의 보안을 관리할 역량이 없다면 해킹으로 인한 피해가 드러난 다음에야 문제점을 발견하게 될 가능성이 크다. 결국 설계자, 엔지니어, 제조업자들은 이런 딜레마를 안고서 효과적으로 보안을 지킬 수 있는 새롭고 창의적 방식을 고안해야 한다. 사용자와 기업을 소외시키지 않으면서도 보안 프레임워크를 시스템에 적용할 수 있는 방법을 찾아야 한다.

시스템, 디바이스, 데이터가 점점 더 상호 연결되면서 프라이버시에 대한 위협도 증가하고 있다는 점은 전혀 놀랍지 않다. 2014년 5월 백악관이 내놓은 보고서 「빅데이터: 기회의 포착과 가치의 보존Big Data: Seizing Opportunities, Preserving Values」[10]은 디지털 비즈니스와 빅데이터가 심각한 문제를 발생시킬 수 있다는 점을 인정하고 있다. 센서, 기계, 카메라, 저장 시스템, 데이터 처리 시스템이 점차 더 많은 양의 데이터를 수집하고, 데이터 입출력 속도, 데이터의 다양성이 증가하면서 여러 문제가 발생한다. 프라이버시 문제는 데이터 비식별화와 데이터 재식별화와 관련된 데이터 개인화, 데이터가 어떻게 저장되고 보관되는가를 포함한 데이터 지속성data persistence과 관련해서 발생한다. 백악관이 내놓은 보고서는 "향상된 연산 능력은 이제 '사막에서 바늘 찾기'를 가능하게 만들었을 뿐 아니라 실용적으로도 사용될 수 있다"라고 밝히고 있다.

이런 프라이버시 문제들은 이론과 현실 영역 사이에 머물러 있었지만 점차적으로 사회에 모습을 드러내고 있다. 몇 년 전, 소매 기업 타깃Target이 한 고등학생이 구입한 물품을 분석한 후 그녀가 임신했다는 사실을 알아냈고 임산부 옷을 판촉하기 위한 메시지를 보냈다. 그런데 이 사실이 임신 사실을 모르던 아버지에게 노출되어 프라이버시 문제가 불거졌다.[11] 은행 등 다른 기업들도 예측 분석을 활용해서 금융 서비스를 제공하는 기업을 바꿀 수 있는 가능성이 높은 고객들을 파악한다. 넷플릭스 같은 회사들도 영화, 음악 등의 맞춤 추천 서비스를 제공하는 데 알고리즘을 도입하고 있다.

그러나 이런 기능들은 사물인터넷이 발달하면서 수집되고 관리될 정보에 비하면 미미하다. 사물인터넷의 건강 모니터링 시스템은 개인들이 더 자주 운동하고 건강한 식단을 지키도록 동기를 부여하기 위해서 사용될 수 있을 뿐 아니라, 보험사가 납입금을 책정하거나 고위험군 환자들을 가입 목록에서 제외하는 데에도 정보를 제공할 것이다. 또한 고용주는 직원들의 심장병, 암, 뇌졸중 등의 질병에 대한 유전적 취약성과 같은 유전자 및 건강 데이터를 승진이나 고용 등에 활용할 수 있게 될 것이다.

근거리 무선통신을 통해서 사물의 위치를 알려주는 비콘, 센서, 카메라, 스마트 글라스 등이 보급되고 이런 기기에 의해 수집된 데이터가 네트워크로 연결된 세상으로 흘러들어가게 된다면, 특정한 사람의 위치와 그 사람이 무엇을 하고 있는지를 언제든지 확인할 수 있게 된다. 음식과 오락에 이르기까지 다양한 분야의 행동 및 소비 패턴은 공공 지식의 일부가 된다. 그뿐만 아니라, 연산 능력이 진보하고 알고리즘이 점점 진화하면서 시스템의 행동 예측 능력도 향상될 것이다. 타깃이 보여주었던 여성의 임신 시기를 예측하는 능력은 지금은 아주 신기한 기술일지 모르나, 잇따른 분석 능력의 진보로 실현될 기능들, 즉 어떤 사람이 어느 행동을 취할 것이며, 언제 질병에 걸리거나 사망할 것인지를 예측하는 기능들에 비하면 그 경이로움은 퇴색될 것이다.

사물인터넷의 프레임워크에서 작동하는 제품과 시스템을 만드는 기업은 언제 개인 데이터가 필요하고, 언제 신원 확인용 장치personal identifier를 반드시 제거해야만 하는가를 이해할 필요가 있다. 이 작업은 충분히 간단해 보이지만 실제로는 복잡한 측면을 가지고 있다. 그 이유는 디지털 데이터가 증가함에 따라서 데이터가 누구에게 나온 것인지를 파악하는 일이 쉬워지기 때문이다. 심지어 신원 확인용 데이터identification data의 주요 부분이 사라진 상황에서도 신원을 밝혀낼 수 있다. 신원 확인용 장치는 더 정교하게 발전하고 있다. 예를 들어 고정 IP 주소를 사용하지 않는 제품을 사용하면 이용자의 프라이버시는 안전하게 보장된다고 생각할 수 있지만, 다양한 로그log에서 추출한 데이터를 기입하고, 각종 기록, 텍스트 메시지, 송신탑, 통행료 징수대, 컴퓨터에서 뽑아낸 시간 기록, 신용카드 기록 등을 이용하면 사용자 정보는 쉽게 드러난다.

드론, 감시 카메라, 지리적 위치 정보를 파악하기 위한 모니터, 핸드폰과 태블릿 PC, 센서와 앱, 소셜 미디어와 디지털 로그에 흐르는 데이터의 분량도 증가하게 된다. 노위치 대학 Norwich University의 레베카 해럴드Rebecca Herold는 "천천히 끓고 있는 냄비 안의 개구리가 온도의 변화를 감지하지 못하는 것처럼, 우리도 점차 끓어오르고 있는 우리 자신의 데이터에 의해 삶아질 것"이라고 전망한다. 입법자들이 대개 '문제가 터진' 이후에야 그것을 해결하려고 나서는데, 이 경우도 마찬가지 결과가 나올 것으로 보인다고 지적하기도 했다.

연결된 세계의 범죄와 테러리즘

오늘날 뉴스 헤드라인에서 사이버 범죄 이야기를 찾는 건 어렵지 않다. 데이터 유출, 사기, 사이버 공격, 사이버 스파이 등 범죄가 증가하고 있으며, 개인뿐 아니라 국가 전체의 안전을 위협하고 있다. 산업 시스템에 침입하는 해커와 도둑들은 데이터를 절도하고 명령 시스템에 대한 제어 능력을 가로채는 등 위험을 발생시킨다. 예를 들어 2010년 6월 유럽연합EU의 보안 담당자들은 원자력 발전소, 송유관, 전기 송전선망 제어 장치에 스턱스넷 웜Stuxnet Worm이 감염된 사실을 발견했다. 이 교묘한 악성 소프트웨어는 탄탄한 자금을 갖춘 민간 기업, 또는 외국 정부의 기관이 이란의 산업 인프라를 공격하려고 만든 것으로 추정된다. 이란에서는 3만여 대의 기계들이 악성 소프트웨어에 감염된 것으로 알려졌다.

오늘날 사용되는 수많은 디바이스는 보안에 상당히 취약하다. 이는 악성 소프트웨어가 앞으로 계속 확산될지에 관한 문제가 아니다. 제조업자를 포함한 다른 이들이 어떻게 시스템 보안을 강화할지에 관한 문제다. 연결된 세계에서 보안 관련 위험은 특히 심각해진다. 모든 범죄를 방지할 수 있는 완벽한 보안 체계를 구축하는 건 현실적으로 불가능하지만, 보안 유지에 실패했을 때 치러야 할 대가는 너무나도 크다. 그 결과는 인터넷에 연결된 세탁기나 조명 컨트롤에 국한되지 않고 더 큰 문제를 초래할 것이다.

예컨대 3D 프린터는 법적으로 제한받지 않고 총기와 같은 무기류를 제작할 수 있게 해준다. 플라스틱으로 만들어진 총기는 공항, 경기장 등에서 금속 탐지기와 같은 안전 검사를 통과할 수 있어 단 한 발만 쏠 수 있다고 해도 심각한 위협을 발생시킬 수 있다. 텍사스의 한 연구진은 이미 3D 프린터로 제작한 총기를 발사하는 실험을 완료했다. 다수의 다른 기관도 자신들이 제작한 3D 무기류에 대해서는 무기류 제제 법규를 적용하지 않고 있다고 밝힌 바 있다. 이런 불법 무기류의 제작은 거대한 문제의 일부에 지나지 않는다. 3D 프린팅을 이용해 수류탄을 제조하거나, 항공기의 격추까지 가능한 로켓 발사대를 주문 제작하는 것도 가능하다.

또한 모조품, 가짜 마약류가 대규모로 유통될 수 있는 위험과 상업적으로 거래될 수 있는 드론도 문제시된다. 무인 비행체는 이제 몇천 달러면 구할 수 있으며 앞으로 그 수요는 급증할 것으로 예상된다. 미국 연방항공국FAA은 2020년에는 만 개가 넘는 민간용 드론civilian drone이 이용될 것으로 추산했다.[12] 드론은 농업, 광업, 환경 모니터링, 산업 보안, 날씨 예측, 소포 배달, 상업용 촬영 등 다방면에서 합법적으로 사용될 수 있다. 그러나 드론은 또 유명인들과 정치 지도자들에 대한 스파이 활동, 절도, 폭탄이나 탄저균, 인조 바이러스 등의 생화학 무기의 투하와 같은 불법적인 활동에도 이용될 수 있다. 또한 드론에 대한 규제가 모호한 회색 영역도 있다. 예컨대 어떤 환경운동 단체는 드론을 이용해 공장형 농장과 애그리비즈니스 agribusiness 사업자들이 환경 법규를 잘 지키고 있는지, 가축을 비인간적으로 다루고 있지는 않은지 감시하겠다고 공공연하게 밝힌 바 있다.

같은 방식으로, 벌레 크기의 마이크로봇이나 거의 보이지 않는 크기의 나노봇nanobots은 위험한 건설 현장 및 해체 작업에 동원되거나, 재난 사태가 발생한 경우 생존자 수색, 고해상도 일기도 작성, 작물의 수분 작업, 전투에 쓰이는 등 여러 방면에서 유용하다. 하버드 대학 연구진은 현재 로보비robobee라는 초소형 로봇을 제작하고 있다.[13] 동굴이나 균열이 생긴 틈을 탐색하고, 적진에서 날고 기며 뛰어다니는 인조 거미, 뱀, 잠자리, 나비를 개발하는 사기업도 존재한다.[14] 매우 작은 나노로봇에는 센서가 장착되어 인간을 뛰어넘는 시각, 청각, 촉각, 미각, 후각을 이용해 주변을 감지할 수 있다.

드론과 마찬가지로 나노로봇도 살인, 스파이 활동, 암살, 테러 등에 이용될 수 있다. 새롭게 출현하는 테크놀로지 관련 보안 및 위험을 연구하는 싱크탱크 미래범죄연구소Future Crimes Institute를 이끄는 전직 경찰 마크 굿먼Mark Goodman은 오늘날 등장한 많은 도구가 '경이로운 수준'이라고 말한다. 굿먼은 이런 도구들이 '이 세상에 거대한 변화들을 가져올 수 있을 것'이라고 말하면서도 이렇게 덧붙인다. "만일 새로운 기술들이 자살폭탄 테러범들의 손에 들어가면 매우 부정적인 영향을 가져올 것입니다. 우리는 범죄자들과 테러리스트들이 벌일 수 있는 일을 과소평가하는 경향이 있습니다. 새로운 기술이 발달할 때마다, 이를 악용하는 범죄자도 생겨날 것입니다."[15]

새로운 법률 시스템의 출현

인터넷과 디지털 기술은 전 세계 법률 시스템에 엄청난 변화를 가져왔다. 지적재산권, 저작권, 상표, 명예훼손, 범죄, 사이버 스파이 분야에서 권리, 책임에 대한 관심이 높아지고 있으며, 이에 대한 논란도 증가하고 있다. 럿거스 대학 로스쿨의 겸임교수 조너선 빅Jonathan Bick은 "법률 시스템이 오늘날 빠르게 발전하는 기술의 속도를 따라잡으려 애쓰고 있죠"라고 말했다. 그는 근본적 문제는 사이버 분야의 국제법이 존재하지 않는다는 점이라며 이렇게 설명했다. "상호 조약, 협정, 협약은 분명히 있고 질서를 확립하려는 의도를 가지고 있다고 해도 실제로 집행을 할 수 있어야지 의미가 있습니다. 집행할 수 없다면 소용이 없습니다."

일본 와세다 대학 사이버범죄 및 인터넷보안연구소의 폴린 라이시Pauline Reich 교수는 "한 국가에서 불법으로 여겨지는 행위가 다른 국가들에서는 불법이 아닌 상황"이 가장 큰 문제점이라고 설명한다. 이렇게 되면 관할권 및 법 집행과 관련된 이슈들을 해결하기 어려워진다. 데이터가 서버, 클라우드, 디지털 디바이스 사이를 넘나들게 된다면 이런 법적 문제들은 기하급수적으로 증가하게 된다. 데이터가 어디에 위치하고, 누가 데이터에 대한 권리를 주장할 수 있는가를 이해하기는 거의 불가능해질 것이다. 그러므로 많은 학자는 컴퓨팅과 커뮤니케이션 방식의 발달이 법률이 애초에 의도했던 규제 범위를 넘어서도록 압박하고 있는 상황이라고 말하고 있다.

데이터에 대한 법 집행 가능성이 실질적으로 불확실한 복잡한 상황이 전개되는 가운데 사물인터넷의 등장은 그 복잡성을 한층 더 추가할 것으로 보인다. 데이터가 어디서 생성되고, 전자회로를 따라서 어떻게 변환되거나 달라지는가를 이해하려는 시도는 거대한 도전 과제로 여겨진다. 가정과 기업이 사물인터넷을 통해 연결되면서 다음의 법적 책임과 관련한 질문이 등장하고 있다. 고장이나 정전 때문에 피해가 발생해서 상해나 죽음으로 이어진다면 그 책임은 누가 지는가? 관할권을 가진 어떤 국가가 국제사회와 협력하기를 거부한다면 법 집행은 어떻게 가능한가? 또한 민감한 개인정보가 예기치 못한 사고 때문에 공개된다면 누가 책임을 지는가? 특히 그 사고가 발생한 원인을 특정할 수 없는 상황이라면?

온라인 계약, 이용자 약관부터 감시, 프라이버시 보호에 이르기까지 모든 것이 검토가 필요한 대상이다. 이외에도 실무적 규제 이슈로서 해결책이 필요한 문제는 수두룩하다. 이런 상황에서 확실히 단언할 수 있는 것은 한 가지뿐이다. 앞으로 수년 이내에 우리는 어마어마한 기술적·실질적 어려움과 맞닥뜨리게 될 것이다. 전 세계에 걸쳐 상호 연결된 사물인터넷 세상이 완성되어가는 동안, 사회와 법률 시스템은 기술 프레임워크를 감당하기 위해 강한 압박을 받게 될 것이다. 기술 프레임워크는 빠르게 발전하고 많은 것을 심원하게 변화시키기 때문이다. 그러므로 우리에게 던져진 궁극적 도전은 기본권과 자유에 관한 위험과 보호 사이에서 적절한 균형점을 찾는 것이라고 할 수 있다.

미래에 대한 전망

기술의 발전 때문에 해결이 어려운 위협들이 늘어난다고 미래가 아예 암울한 것만은 아니다. 마크 굿먼 등 전문가들은 크라우드소싱 기법들을 활용한다면 새롭게 도래하는 연결된 세계에 적합한 보호 체계를 구축할 수 있다고 주장한다. 이를테면 사이버 사기꾼, 테러리스트의 활동 및 소비 패턴을 대중의 힘을 빌려 추적하는 것이다. 현재 '조직범죄 및 부패 리포팅 프로젝트Organized Crime and Corruption Reporting Project'는 보안의 요구를 오픈소스 방식으로 해결하고 있다.

그러나 보안 문제를 참여적 방식으로 해결하려면 정부, 기업, 교육기관, 연구자, 일반 시민들은 반드시 소비, 편의성, 개인적 영역을 나누는 경계들이 무엇인가를 검토해야만 할 것이다. 예전에는 이런 영역적 경계를 고려할 이유가 없었다. 사물인터넷 시대는 법규, 사회적 규범, 보안과 프라이버시에 대한 기본적 접근을 다시 생각하고 재배치할 필요가 있을 것이다. 새로운 보안용 도구들을 구축하고 새롭고 창조적인 방식으로 생각할 필요가 있을 것이다. 이런 접근이 선행된 이후에만 커넥티드 디바이스, 시스템, 기술이 지닌 잠재력이 완전하게 실현될 수 있을 것이다.

7

네트워크로 연결된
세상의 도래

새로운 기술이 만드는 미래

사물인터넷과 커넥티드 디바이스가 점차 우리 삶에 들어오면서 놀랄 만한 미래가 다가오고 있다. 미국 교통국의 통계에 의하면 오늘날 교통사고의 70~80%는 인간의 실수 때문에 일어난다. 세계보건기구WHO는 매년 124만 명이 교통사고로 사망한다고 집계하고 있다. 그러나 자율주행차는 교통사고에 따른 인명 피해 발생에 종지부를 찍을 것이다. 자율주행차는 동기화된 신호와 라우팅 시스템으로 구성된 거대한 네트워크 안에서 작동하므로 차량 운행 및 수리에 들어가는 비용은 절감하고, 효율성은 높여줄 것으로 기대된다.

헬스케어 및 웰빙 분야에서 사물인터넷은 의료 서비스와 원격 의료에 커다란 혁명을 불러올 것이다. 사물인터넷을 통해 24시간 365일 의료 모니터링이 가능해질 것이며, 3D 프린팅 기술을 결합시키면 의료 기기에서 인공장기까지 여러 용품을 생산해낼 수 있을 것이다. 아주 작은 디바이스는 최적량의 치료 약물을 인체의 필요한 부위에 정확히 투여해 부작용을 최소화하고 효능을 끌어올릴 것이다. 게다가 점차 많은 기능이 탑재되는 피트니스 밴드와 음식 및 수면 모니터 등의 시스템들은 이용자들의 헬스케어를 도와줄 것이다. 미국 질병통제센터 Center for Disease Control는 2050년에는 미국 전체 인구 가운데

3분의 1 가량이 '2형 당뇨병'을 앓을 것으로 추정했다. 오늘날 미국인들의 사망 원인 가운데 1/4 정도를 차지하는 것은 심장병이다. 그러나 이와 같은 질병 때문에 나타나는 사망은 평소에 건강한 식단과 운동을 통해 완전히 예방할 수 있다.

연결된 기계들은 제조업자들이 배송 현황과 공급망의 필요를 실시간으로 업데이트할 수 있도록 할 것이다. 농부들도 센서 등 기기를 활용해 물 주기와 토양의 상태를 최적으로 유지할 수 있게 될 것이다. 살충제 및 비료도 가장 적당한 분량만이 타깃화된 작물에 정밀하게 뿌려진다. 벌레만큼 작은 마이크로 드론을 포함한 로봇과 드론은 제품의 제조, 쓰레기 수거, 화재 진압, 폭탄 해체 작업에 도움을 줄 것이다. 2013년 11월 아마존닷컴은 수년 이내 드론으로 상품을 배송하겠다는 계획을 발표했다. 2009년 세계적 배송 업체 페덱스FedEx 회장 프레드 스미스Fred Smith도 미래에 택배 배송은 드론이 지배할 것이라고 예측했다(현재는 이런 사업 계획은 미국에서는 보류되어 있다. 2014년 6월 미국 연방항공국이 연방 법률을 통해서 상업용 드론을 배송용으로 사용할 수 없도록 금지했기 때문이다)[1].

사물인터넷은 사물을 배치해 주변 환경을 감지하거나 업무를 자동화하는 데만 한정되지 않는다. 사물인터넷은 우리가 사는 이 세상이 끊임없이 돌아가는 방식과 우리가 하는 행위를 살펴보고, 측정하며, 이해하는 데 도움을 준다. 사물과 사

람 사이에 존재하는 공간을 볼 수 있다는 건 사물과 사람 그
자체를 관찰하는 것만큼이나 심오한 작업이다. 사물인터넷을
통해 형성된 데이터는 물리적 관계부터 인간의 행동, 우리가
살아가는 지구와 우주를 지배하는 물리적 법칙에 이르기까지
넓은 영역에 깊은 통찰을 제공한다. 사물인터넷은 기계, 인간,
환경을 실시간으로 모니터링하므로 이전보다 더 빠르고 현명
하게 변화에 적절히 대응할 수 있는 방법을 알려주기도 한다.
맥킨지는 사물인터넷의 경제적 효과가 2025년에는 약 14조에
서 33조 달러에 이를 것으로 전망하고 있다.[2]

연결된 세계는 많은 연구진과 기업에 의해 새로운 비즈니스
모델로 도약하는 중이다. 그러나 공상 과학 소설 같은 황당한
개념도 있다. 그중 하나는 "하늘까지 진출한 구글의 눈"이라
는 제목의 ≪슬레이트 매거진Slate Magazine≫ 기사다. 이 기사는
드론, 위성, 열기구 분야에 진출하려는 구글의 전략에는 마치
가상 세계에서 색인화를 하는 것처럼 물리적 세계도 마찬가지
메커니즘을 구축하려는 의도가 깔려 있다고 전제했다.[3] 하늘
과 지구 주변부에 카메라 센서가 설치되면 데이터 수집에 완
전히 새로운 장이 열리는 것과 같다는 평가를 내놓았다. 지구
상공에 위치한 수많은 센서들은 항공기, 기차, 자동차, 행인들
을 실시간으로 관찰하므로, 현재 시스템에서 벗어나 데이터의
패턴과 관련성을 새롭게 이해하게 해준다. 그리하여 미래의

어느 날 국가별 국내총생산GDP 변화를 하루 단위로 예측할 수 있게 될 것이라고 한다.

이와 같은 부상하는 가능성들 가운데 한 가지는 분명하다. 사물인터넷은 개발도상국과 선진국 모두에게 변화를 가져올 것이다. 유틸리티 그리드utility grids, 스마트 자동차, 의료 서비스, 제조 시스템까지 상업적인 측면과 소비자 측면에 적용되어 새로운 물결을 몰고 올 것이다. 사물인터넷은 우리가 세상을 바라보는 관점을 변화시킬 뿐만 아니라, 자동화를 포함해 거대한 전환을 겪은 이후에도 새로운 세상과 상호작용할 수 있도록 돕는 길잡이 역할을 할 것이다. 이런 여정을 거치면서 우리 삶의 방식은 헤아릴 수 없을 만큼 바뀔 것이다. 앞서 설명한 기능들이 너무 미래적이고 공상적으로 여겨질지도 모른다. 그러나 다음 25년 동안 현실로 나타날 일들은 놀라울 것임에 틀림없다. 우리 앞에 펼쳐질 연결된 미래가 어떤 모습을 하고 있을 것인지 살펴보도록 하자.

미래를 생각해본다면

2014년 3월 퓨리서치센터는 웹과 인터넷의 전망에 대한 포괄적 연구를 담은 보고서를 발표했다. 「2025년의 디지털 라이프Digital Life in 2025」라는 제목의 보고서는 2500여 명의 전문가들의 지식을 모아 10년 후 세상의 모습을 묘사하고 있다.[4] 자연스럽게 미래상에 대한 다양한 의견들이 보고서에 반영되었다. 어떤 사람들은 미래의 모습으로 유토피아를 그렸지만, 누군가는 디스토피아가 도래할 것이라고 단언했다. 이 보고서는 로봇, 3D 프린팅, 증강현실, 고도의 연결성, 자동화 환경 등 광범위한 분야를 아우르고 있다. 또한 건강, 교육, 일자리, 정치, 경제, 엔터테인먼트 같은 논점들도 포함하고 있다.

이 보고서의 예측들 가운데 주목할 점은 응답자들 대다수는 사물인터넷이 스마트 센서, 카메라, 소프트웨어, 데이터베이스, 방대한 데이터 센터에 힘입어 보이지 않지만 어디에서든 우리를 에워싸는 전 세계적 네트워크 컴퓨팅 환경ambient networked computing environment이 형성될 것이라고 믿는다는 것이다. 증강현실은 가상 데이터, 웨어러블 컴퓨터, 이식형 기술 implanted technology을 이용해 현실 세계를 시각적 이미지로 대체할 것이다. 모든 사물들에 태그 작업을 함으로써 우리 감각을 벗어나는 데이터를 수집할 것이다. 모든 기능들은 사회, 정치, 산업, 교육, 정부 분야에 엄청난 파괴적 변화를 가져올 것이다.

MIT 컴퓨터공학 및 인공지능연구소CSAIL의 데이비드 클라크David Clark는 다음과 같이 말한 바 있다.

디바이스는 점차 그들만의 커뮤니케이션 패턴과 소셜 네트워크를 가지게 될 것입니다. 그 소셜 네트워크에서는 디바이스들이 정보를 모으고 공유할 것이며, 자동적 컨트롤과 활성화를 수행할 것입니다. 인간들은 협동하는 디바이스가 주요한 결정을 내리는 세상에서 살아가게 될 것입니다. 인터넷과 컴퓨터 매개 커뮤니케이션은 생활 곳곳에 깊숙이 스며들게 되지만, 예전보다는 눈에 덜 뜨이게 될 것입니다. 모든 변화는 우리 생활의 모든 배경 속에 자연스럽게 스며들게 될 것입니다.

서던캘리포니아 대학USC 커뮤니케이션 교수 대런 브래범 Daren Brabham은 다음과 같은 예측을 내놓았다.

우리는 복수의 데이터 레이어data layer를 통해 세상을 파악하는 데 익숙해질 것입니다. 데이트, 면접, 프로페셔널 네트워킹, 게임, 치안 유지, 스파이 활동에 이르기까지 사회적 활동들 대부분에 변화가 일어나게 될 것입니다.

독일 뉘른베르크 대학 디지털문화센터 초빙교수 니샨트 샤 Nishant Shah는 다음과 같이 지적했다.

사물인터넷의 보급은 인간성, 사회성, 정치성에 대한 우리의 인식을 구조적으로 바꾸어놓을 것입니다. 디바이스는 현존하는 시스템을 집행하는 도구에 그치지 않고, 우리가 기존에 사용하던 시스템 자체에 구조적 변화를 불러올 것입니다. 우리는 진정한 패러다임의 전환을 경험하고 있습니다. 그러나 동시에 이런 변화는 커다란 불안정을 동반할 것입니다. 기존의 구조가 의미와 균형을 잃게 되기 때문입니다. 따라서 새로운 작동 방식을 수용하기 위해 새로운 세계의 질서를 만들 필요가 있습니다. 우리는 이미 인터넷의 거대한 영향을 목격하고 있으며 인터넷의 영향력 확대는 점점 더 가속화될 것입니다.

인터넷 법 및 정책 전문가 로버트 캐넌Robert Cannon은 이렇게 전망했다.

우리가 현재 알고 있는 경제는 인터넷, 자동화, 로봇화에 의해서 파괴적 혁신에 직면하게 될 것입니다. 그렇다면 더 이상 노동을 통해 돈을 벌 수 없게 된 사람들을 위해 우리는 무엇을 주어야 할까요? 기회는 그야말로 엄청나게 많아집니다. 정보를 구하고, 이해하는 능력, 정보에 대한 이해를 바탕으로 행동할 수 있는 능력이 어디에서나 가능할 수 있습니다. 또는 '멋진 신세계'가 도래할 가능성도 있습니다. 멋진 신세계란 정부나 기업이 모든 사람들에 대해 파악할 수 있고, 모든 행동을 예측할 수 있으며, 테크놀로지에 대한 통제권을 가진 엘리트에 의해서 지배되는 사회를 의미합니다. …… 좋은 소식은 세상을 완전히 뒤바꿔 놓을 이 테크놀로지를 우리가 원하는 세상을 만들기 위해 사용할 수 있다는 것입니다. 이 테크놀로지는 무한한 협력, 공유, 소통의 가능성을 제시합니다. 미래를 예측하는 가장 좋은 방법은 미래를 창조하는 것입니다. 그리고 지금은 미래를 창조하기에 매우 적절한 시기입니다.

현재 등장하고 있는 사물인터넷 프레임워크에는 현기증이 날 정도로 많은 문제, 의문, 도전이 등장하게 된다. 거의 모든 것이 모니터링되고, 기록되고, 분석되는 세상에서 살아간다는 것은 다양한 문제를 수반하기 마련이다. 사물인터넷은 프라이버시는 물론이고 정치, 사회 구조, 법까지 영향을 미치게 된다. 마이크로소프트 리서치의 연구원 조너선 그루딘Jonathan Grudin은 이제 많은 활동이 관찰 가능하게 변하면서 "사람들의 행동 방식, 행동 규범, 행동 지침으로서 법률과 규칙, 정책, 절차, 관습에 대해 우리가 가진 믿음과 우리가 실제로 행동하는 모습 사이의 괴리가 부각될 것"이라고 설명했다. 이런 변화된 상황에 우리가 적응하는 것은 쉽지 않을 것으로 보인다.

그루딘은 법률가들은 사회에서 시행되지 않으리란 점을 뻔히 알면서도 규칙을 만들고, 그 규칙을 위반하는 많은 사소한 사항을 무시하는 경향이 있다고 지적한다. 하지만 고도로 연결된 사회에서는 그러한 방식이 더 이상 통하지 않는다. "규칙을 위반하는 행위는 센서에 의해 감지되므로 선택적으로 법을 집행한다면 금방 눈에 띄게 됩니다. 미묘한 위반 행위의 차이를 고려한 규칙을 만들 수 있다면 법을 선택적으로 집행할 수 있는 여지는 거의 사라질 것입니다." 많은 정보와 데이터가 이제 디지털 형태로 수집되고 있다. 그러나 전체적 맥락이 결여된 파편적 데이터와 정보는 우리를 잘못된 판단으로 이끌 위험성이 있다. 그루딘은 다음과 같이 정리한다. "인간은 유연하지만 근본적으로는 사회적·감정적으로 반응합니다. 테크놀로지가 인간의 감정적 반응 메커니즘에 어떤 영향을 미칠 것인가는 앞으로 연구해야 할 대상입니다."

MIT 교수 터클은 테크놀로지와 인간 상호작용 사이의 교차점은 다른 방식으로 전개될 것이라고 주장한다. 예컨대 우리가 아이를 양육하는 방식, 노인을 대하는 방식과 관계를 맺는 방식은 모두 변화를 겪을 것이다. 2011년 진행된 인터뷰에서 그녀는 다음과 같은 지적을 했다:

우리가 로봇에게 아이의 양육을 맡기는 시점부터 '금지된 실험forbidden experiment'이 시작됩니다. 아이는 다양한 표현human expression과 음성vocal inflection의 억양에 노출되어야만 건강하게 성장할 수 있습니다. 결국 아이의 건강은 자신을 사랑해주고 돌봐주는 이의 감정을 느낄 수 있는가에 의해 결정됩니다. 물론 로봇은 감정을 주거나 돌봄을 제공할 수 없습니다. 노인들은 삶을 이해하는 누군가에게 자신이 살아온 삶을 설명해주고 싶어 합니다. 우리는 모두 언젠가 노인이 됩니다. 인생에서 일어나는 사건들은 인간 언어의 의미human meaning를 수반한다는 점을 잊어서는 안 됩니다. 그러나 로봇은 자식의 생일이나 결혼, 배우자와 사별하는 순간에 사용되는 인간의 언어가 가지는 진정한 의미를 결코 이해하지 못합니다.

터클은 현대 사회가 근본적인 문제를 외면하고, 발생한 증상들을 테크놀로지를 통해서만 해결하려는 잘못된 시도를 하고 있다고 지적한다. 그녀는 이런 현상들을 설명하고자 사례를 설명했다. "사람들은 로봇에 대한 환상을 말하기도 합니다. 그럴 때면 사람들은 어떻게 타인들이 자신을 실망시켰는가를 털어놓습니다. 그렇다고 로봇이 모든 문제에 대한 해답이 될 수 없다는 사실을 명심해야 합니다. 로봇은 우리 인간이 필요로 하고 마땅히 받아야 하는 사랑과 보살핌을 제공할 수 없습니다. 그러나 우리는 '인간을 돌보아주는 기계caring machine'의 개념에 집착하는 경향이 있습니다. 저는 이것을 인간이 서로에게 실망했다는 걸 보여주는 증상이라고 봅니다. 우리는 사회가 해결하기 힘든 문제들을 로봇에 떠넘기거나 아웃소싱해서 해결할 수 있다는 환상을 가지고 있습니다." 이런 환상에 대한 기대는 모순으로 이어진다. 그 모순은 우리가 더 단순하고 편리한 삶을 영위하기 위해 인터넷과 사물인터넷 같은 테크놀로지를 수용하지만 실제로는 정반대의 결과를 떠안게 된다는 사실이다. "우리는 시간적 여유를 갖기 위해 테크놀로지에 의지합니다. 그러나 테크놀로지를 사용하면서 보내는 시간이 더 많아지고, 다른 사람들과는 소통하는 시간은 적어지므로 악순환이 발생합니다."

인간의 상호 연결 및 상호작용은 25년 이후에도 우리가 풀어야 할 과제로 남아 있을 것이다. 많은 연구 결과가 사회에 만연한 좌절감과 불만족이 예전에 비해서 줄어든 인간적 접촉과 유대에서 부분적으로 기인한다고 지적하고 있다. 우리는 미래에 점차 더 많은 테크놀로지와 연결되고, 자동화된 시스템을 받아들이게 될 것이다. 이때 우리는 감정적 필요에 대한 욕망과 실용적 필요에 대한 욕망 사이에서 균형을 잡아야만 한다. 우리가 얼마나 많은 디바이스나 기계를 사용하고 어느 정도 그것들과 연결되어 있는가와 무관하게 우리는 인간이기 때문이다. 그 어떤 로봇이나 시스템도 가까운 미래에 인간이 가진 복잡성과 사고를 따라잡지 못할 것이다.

2025년의 일상

사물인터넷은 아직 구현되는 단계에 있지만 우리의 생활, 비즈니스에 심오한 영향을 미치게 될 것이라는 점은 명백하다. 10년 후 어느 평범한 가정의 평범한 하루를 살펴보도록 하자.

월요일 아침 7시, 입고 있는 잠옷이 피부에 부드러운 신호를 보내자 메리 스미스는 잠에서 깨어난다. 몇 분 후, 침대에서 빠져나온 그녀는 센서가 부착된 샤워기가 그녀가 원하는 온도에 정확히 맞춰놓은 물줄기를 맞으며 샤워를 한다. 이 샤워기는 스마트 온수기에 연결되어 있어서, 가족들의 목욕 패턴을 알고 그 정보에 따라 자동으로 물의 온도를 조절해준다. 또한 간단한 스마트폰 조작을 통해 휴가 모드로 전환할 수 있는 기능도 가지고 있다. 메리가 다른 방으로 이동하자 방의 전등은 자동으로 꺼지고 켜진다. 그녀의 스마트폰과 옷에 부착된 동작 감지 센서와 스마트폰의 소프트웨어 비콘이 결합해 그녀의 움직임을 예측하기 때문이다. 그녀가 필요할 때 언제든지 사용할 수 있는 구식 전등 스위치도 존재한다.

옷을 입은 후 메리는 샤워가 끝날 시간을 자동으로 계산해서 커피 머신이 준비해놓은 따뜻한 카페라떼가 있는 아래층으로 내려간다. 메리는 냉장고에서 요거트를 꺼내고, 냉장고는 자동으로 요거트를 쇼핑 리스트에 추가해놓는다. 아침 식사를 마친 메리는 그녀의 남편 존과 두 아이, 제임스와 마이클에게 작별 인사를 한다. 존이 제임스와 마이클이 학교에 잘 가는지 확인해줄 것이다. 그리고 존은 홈 오피스로 들어가 얼린 베이글을 전자레인지에 넣는다. 존이 스마트폰 앱에서 베이글 아이콘을 터치하면, 전자레인지가 자동으로 베이글을 해동시켜준다. 존은 해동된 베이글을 토스터에 넣어 구운 후 크림치즈를 발라 먹는다.

소비재를 생산하는 대기업의 마케팅 임원 존은 주로 집에서 업무를 본다. 그가 근처에 다가오면 컴퓨터는 이용자를 감지해 생체인식으로 로그인을 완료하고 즉시 핵심 요소들key metrics을 보여주는 계기판이 나타난다. 전날 밤 존이 태블릿으로 작업했던 메시지와 파일이 그 상태대로 컴퓨터에 뜬다. 클라우드를 통해 데이터가 모두 동기화되기 때문이다. 존은 미팅이 있을 때만 아주 가끔 밖으로 출근한다. 외출할 때 존은 공유 차량shared vehicle을 이용한다. 그는 십 분 내 공유 차량이 그가 있는 장소로 도착하는 서비스에 가입해 있다. 요금은 이용 시간과 주행 거리를 반영해 계산된다.

의사인 메리는 동네 병원으로 출근한다. 출근 전 그녀는 스마트폰으로 교통 정보와 스케줄을 확인한다. 이 정보가 있으면 그녀는 본인이 원하는 길을 선택하거나, 또는 차량이 현재

도로 상황을 반영해서 자동으로 최적의 길을 찾아가도록 할 수 있다. 그녀는 어떤 조작도 할 필요 없이 20킬로미터 떨어진 직장으로 데려다주는 자율주행차를 소유하고 있기 때문이다. 그녀는 출근길 운전에 신경쓰는 대신 자동차 컴퓨터 시스템이 읽어주는 이메일 및 문자 메시지 내용을 듣고 답신을 받아 적게 하며 차 안에서 시간을 보낸다. 작업을 마치면 그녀는 음성 인식으로 음악 등의 미디어를 실행하라고 명령할 수 있다. 출근길에 그녀가 구독 신청한 레스토랑에서 아침식사 할인 쿠폰을 보냈지만, 메리는 무시하기로 한다.

병원에 도착한 메리가 도로변의 체크인 구역에 차를 대면, 차는 알아서 근처 주차장으로 가서 자리를 찾는다. 메리가 병원 입구에 들어서면 RFID 배지가 접수원들에게 신호를 보내 환자를 준비시키도록 한다. 사무실에 자리를 잡은 메리는 태블릿 PC를 집어 들어 환자의 차트와 생체 신호, 식단, 신체건강, 순응도 등의 수치를 살펴본다. 혈당 수치, 심박수, 혈압, 콜레스테롤 수치와 체온이 포함된 데이터는 환자의 옷이나 손목에 채워진 스마트 시계 또는 헬스 모니터를 통해 수집된다. 메리는 스크린에서 원하는 항목을 터치하기만 해도 유행성 독감이 전염되고 있는 상황과 같은 구체적인 정보를 찾아볼 수 있다.

그런데 메리가 근무하는 병원은 우리가 아는 오늘날의 병원과는 상당히 다르다. 환자들이 손목에 착용한 RFID 밴드는 환자들의 동작을 기록하고, 그들이 적절한 의약품 및 음식을 섭취하고 있는가를 확인한다. 간호사가 잘못된 약물을 투여하면 시스템은 즉각적으로 시각적·청각적 경고음을 울려댄다. 또한 환자들은 스마트폰이나 병원 태블릿 PC을 사용해 간호사를 부르거나, 텔레비전 채널을 돌리거나, 식사를 주문할 수 있다. 간호사, 테라피스트, 의료 보조자도 태블릿 PC를 통해 엑스레이, 초음파 및 약품 정보 등 의료 데이터를 얻는다.

시설 내 어디에서도 단 한 장의 종이를 찾아보기 어렵다. 의사들은 파일과 정보를 약국과 환자에게 전달하는 데 종이가 아닌 전자적인 정보 교환 방식을 이용하기 때문이다. 그뿐만 아니라, 모든 것이 RFID로 태그되어 있고 네트워크상에서 관찰 가능하기 때문에, 가장 가까이에 위치한 디바이스나 의료 기기도 쉽게 찾아낼 수 있다. 혈액 등 중요한 물품의 수량도 실시간으로 알 수 있고, 재고 상황에 알맞게 언제 추가로 물품을 구매해야 하는지도 예측 가능하다.

모든 데이터는 병원의 데이터베이스에 모인다. 필요한 데이터는 거기에서 분석되어 환자의 요구, 사용 패턴, 치료법 등을 더 잘 이해할 수 있도록 돕는다. 분석 시스템은 데이터 피드를 통해 언제, 어떤 방식으로 환자들을 치료할지를 각 환자와 병원에 적합하게 결정한다. 이런 결정에는 사회적 변수까지도 고려된다.

점심시간이 되자 메리는 스마트폰으로 미리 주문해놓은 식당으로 내려가 주문한 음식을 가져간다. 그녀의 핸드폰에 있는 디지털 지갑이 자동적으로 음식 값을 지불한다. 식사 도중 그녀는 며칠 동안 그녀의 동네에 머물 예정인 조카 오스틴에게 메시지를 받는다. 메리는 그녀의 집에서 사용하는 디지털 키를 보내주어 오스틴이 공항에 도착하면 스마트폰을 간단히 터치하는 것만으로 집에 들어갈 수 있도록 해준다. 3일 후 오스틴이 떠나면 디지털 키는 자동으로 만료될 것이다.

존의 마케팅 업무도 지난 십 년간 꽤 많은 변화를 거쳤다. 이제 그는 집 컴퓨터로 마케팅과 세일즈 매트릭스를 실시간으로 볼 수 있게 되었다. 또한 컴퓨터는 각 가게의 판매 및 재고 현황에 맞추어 상품 가격을 자동으로 조절해주기도 한다. 판매량이 줄고 있다는 알람을 받으면 존은 시스템에 쿠폰을 발급하도록 명령할 수도 있다. 그리고 캐비닛과 선반에 내장된 센서는 쇼핑 리스트를 분석해 상점에 들어갈 가능성이 높은 잠재적 소비자에 한해 쿠폰을 발급할 수 있게 한다. 존은 또한 '충성도 프로그램loyalty program'의 데이터를 살펴보고 마케팅을 시작할 수도 있다. 모든 제품들에는 태그 작업이 완료되어 있기 때문에, 리콜 발생 시 문제가 되는 상품을 한 번에 구분해내는 것도 가능하다.

다시 집으로 돌아가면, 한 무리의 작은 로봇 장치들이 침대와 방을 정리하고, 카운터를 청소하고, 바닥에 청소기를 돌리며, 식물에 물을 주는 것을 볼 수 있다. 이들 로봇 장치들은 가정부의 역할을 할 뿐 아니라 낯선 이의 침입을 감시하는 보안 시스템으로서의 역할도 수행한다. 이런 일들은 각 로봇 디바이스에 카메라와 오디오 센서가 부착되어, 존과 메리가 집에 없을 때 그들의 눈과 귀가 되어주기에 가능한 일이다.

업무를 마친 메리는 집으로 향한다. 핸드폰과 연결된 스마트 쇼핑 카트가 보여주는 쇼핑 리스트를 보면서 그녀는 식료품점에서 장을 본다. 이 시스템은 메리가 원하는 상품이 있는 진열대로 인도해주며, 그녀가 관심을 보이던 상품들에 대한 프로모션도 제공한다. 메리는 진열대에서 집은 상품을 재사용할 수 있는 장바구니에 담는다. 장바구니에 필요한 상품을 다 담은 메리는 계산도 하지 않고 상점에서 그냥 나가버린다. 그러면 상품들에 부착된 RFID와 판독용 디바이스가 총액을 계산해서 전자 결제를 한다. 거래가 완료되면 메리에게 즉시 이메일로 전자 영수증이 전송된다.

몇 시간 후 메리와 존은 컴퓨터가 냉장고와 식품 저장실에 있는 재료를 고려해 추천해준 식사 메뉴를 준비한다. 이 시스템은 시간이 흐르면서 메리와 존의 취향을 점점 더 깊게 파악할 뿐 아니라, 그들의 손목 밴드, 옷 등 여러 출처에서 모은 건강 데이터를 참고해 최적의 영양 섭취와 칼로리 양에 맞춰 식단을 조절한다.

저녁 식사를 마친 존과 메리는 제임스와 마이클이 태블릿 PC로 숙제를 하는 걸 도와준 후, 아이들과 함께 기술의 미래를 다룬 다큐멘터리를 한 편 보기로 한다. 그들은 앞으로 몇 년 후면 스마트 그리드와 스마트 도시를 창조하게 될 새로운 시스템에 대해 알게 된다. 이 시스템은 교통 패턴, 사용 패턴, 날씨 등 여러 변수에 맞춰 스스로를 변화시킬 것이다. 그 결과 충돌 사고와 에너지 소비를 현저히 줄이고, 모두에게 시간과 비용을 절약해주는 효과를 낳을 것으로 기대된다. 다큐멘터리를 다 본 제임스와 마이클은 연결된 장갑과 고글을 이용해 가상 동물원으로 여행을 떠난다. 가상 동물원에서 그들은 기린에게 먹이를 주거나 그 혀의 감촉을 느껴보고, 심지어 사자를 쓰다듬을 수도 있다. 이런 감각은 완전히 진짜처럼 느껴진다.

아이들이 잠들자 존은 온라인을 뒤져서 새로 문을 연 식당의 메뉴를 골라서 컴퓨터에 연결된 작은 장치를 통해 맛을 본 후, 금요일 저녁 시간대에 예약을 한다. 그리고 빗물받이가 막혔다는 알람을 받는다. 시스템은 자동으로 업체에 연락해서 막혀 있는 빗물받이를 예전에 합의한 가격에 뚫어주도록 할 것이다. 존과 메리 부부는 전자책을 읽다가 몇 분 후, 음성 명령으로 전등을 끈다. 침대와 옷에 부착된 센서가 이들의 수면 패턴을 분석하고, 아침이 밝아오면 시스템이 전등 세기를 조금씩 조절하며 이들이 잠에서 잘 깰 수 있도록 도울 것이다.

물론 이 시나리오가 사물인터넷의 모든 가능성을 전부 담아내고 있는 건 아니다. 존과 메리는 하루 동안 더 많은 시스템을 만나게 될 가능성이 높다. 또한 그들은 몇몇 성가신 문제들과도 맞닥뜨리게 될 것이다. 예를 들어 프라이버시 설정이 말썽을 부리거나, 전자 결제 시스템에서 사기를 당할 수도 있다. 어쨌든 분명한 건 존과 메리가 우리와는 전혀 다른 생활을 할 것이라는 사실이다. 기술 시스템은 그들의 삶에 훨씬 더 깊고 넓게 파고들 것이다.

디바이스에 맡겨진 삶

미래를 예측하는 건 불가능하다는 진리를 역사를 통해 배운 바 있다. 그러나 사물인터넷이 그저 잠시 스쳐 지나가는 유행이나 얄팍한 속임수가 아니란 점은 명백하다. 현재 진행되고 있는 테크놀로지의 발전과 여러 분야, 예컨대 이동성, 로봇공학, 센서, 증강현실, 분석, 인공지능, 기계-기계 커뮤니케이션 등이 중첩되면서 연결되고 상호적으로 연결된 세계로의 진입을 더 가속화할 것이다. 우리가 지금까지 상상도 하지 못했던 새로운 상품, 서비스, 기능들이 사물인터넷을 통해서 우리 눈앞에 나타나고 실현될 것이다.

최선의 시나리오는 사물인터넷이 우리의 삶을 더 윤택하게 만드는 데 기여하는 것이다. 커넥티드 디바이스와 기계 지능은 쇼핑 리스트에서 정원에 물 주기에 이르기까지, 수많은 기계적 반복 기능을 자동화할 것이다. 우리가 더 잘 자고, 몸무게를 잘 유지하고 운동하며, 의료 서비스를 필요로 할 때, 필요한 방식으로 받게 함으로써 더 건강한 삶을 영위하게 도와줄 것이다. 또한 모니터가 스마트 옷 또는 인체 내부에 탑재되어, 심장마비나 뇌졸중이 발생하기 전에 그 징후를 미리 감지해 의사들이 피해가 발생하기 전에 사전적으로 대처할 수 있다. 커넥티드 디바이스 또한 차량과 산업 기계의 보안과 성능을 향상시킬 뿐 아니라, 지진, 홍수 등 재앙을 예측하는 능력도 개선시킬 것이다. 마찬가지로 우리의 가정과 비즈니스 활동도 더 에너지 효율적이고 환경 친화적으로 변화될 것으로 기대된다.

유토피아적 미래에는 스마트 기계가 지속적으로 학습함으로써 스스로 알고리즘과 코딩을 개량해 문제의 해결책을 찾아낼 것이다. 예를 들어 어떤 해커가 시스템에 침입하면 시스템이 스스로 문제를 감지해 연결된 세계에서 데이터를 찾아내 해결책을 고안할 것이다. 위 작업에 성공한 시스템은 자신의 프로그래밍을 변화시켜 미래에 있을 해킹 등 공격을 미연에 방지하고, 스스로 고안해낸 해결책을 다른 연결된 기계와 공유할 것이다. 이런 기계적 시스템하의 로봇 등 디바이스들은 인간에 상응하거나 인간을 능가하는 감정 스펙트럼을 지니게 될지도 모른다.

퓨 리서치의 설문에 따르면 조사에 응답한 산업계, 학계, 컨설팅 업계, 법조계의 전문가들 가운데 83% 정도가 사물인터넷이 2025년까지 '광범위한 긍정적 영향'을 미칠 것이라고 대답했다. 그러나 설문을 실시한 집단이 지나치게 낙관적인 것일 수도 있다. 이들 중 상당수가 신기술을 연구하고 개발하거나, 마케팅 또는 판매를 통해 여기서 이익을 얻는 분야에 종사하기 때문이다. 응답자 가운데 사물인터넷에 대한 경고와 우려를 내보인 전문가들도 있다. 실제로 사물인터넷이 조지 오웰의 소설 『1984』같은 디스토피아적 미래를 불러올 가능성도 있다. 미래에는 제어 불가능한 테크놀로지와 시스템 때문에 사이버 범죄 및 사이버 전쟁이 급증하고, 프라이버시는 상실되고, 정치적·사회적 갈등이 발생할 것이라는 예측이 그것이다.

현실적으로 생각해보면 사물인터넷이 바꾸는 미래는 두 극단 사이의 어디쯤에 있을 것이다. 사물인터넷의 확대는 쓸모가 없어져 금방 사라지게 될 디바이스들을 양산할 것이다. 그러나 동시에 우리의 삶의 질을 한 단계 더 높여주는 실용적 시스템과 해결책도 등장할 것이다. 사물인터넷은, 한편으로는 세상을 더 살기 쉽고 안전하게 만드는 반면, 한편으로는 더 어렵고 복잡하게 만들기도 할 것이다. 마치 산업 혁명이 일어났을 때와 마찬가지로 사물인터넷은 많은 직업을 쓸모없게 만들기 때문에 여러 사람들은 직장을 잃게 될 것이다. 그러나 사물인터넷의 발전으로 새로운 고숙련 직업들도 생겨날 것이다. 연결된 세계는 고령자들과 같은 몇몇 사회 구성원들에게 엄청난 부담을 줄 수 있지만 다른 이들에게는 에너지를 불어넣을 것이다. 인쇄기, 조면기, 전화, 자동차, 컴퓨터가 그랬듯, 모든 새로운 테크놀로지는 사회에 수많은 승자들과 패자들을 발생시키는 법이다.

사물인터넷이 바꾸는 세상은 어떤 모습일지에 대해서는 시간만이 답을 줄 수 있을 것이다. 연결된 세계가 정말 더 나은 세상을 의미하는 것인지, 또는 그 반대인지 시간이 흐르기 전에는 우리는 절대 알 수 없다.

주

1 모든 것을 바꾸는 사물인터넷

1. Pew Internet and American Life Project, August 2013.
2. Cisco Systems, How Many Internet Connections are in the World? Right. Now. http://blogs.cisco.com/news/cisco-connections-counter.
3. Internet of Things vs. Internet of Everything: What's the Difference? ABI Research, May 2014, p. 2.
4. Internet of Things vs. Internet of Everything: What's the Difference? ABI Research, May 2014, p. 5.
5. Full text available at: http://www.rfidjournal.com/articles/view?4986.
6. Identity Theft Resource Center. ITRC 2013 Breach List Tops 600 in 2013. http://www.idtheftcenter.org/ITRC-Surveys-Studies/2013-data-breaches.html.
7. The Evolving Internet: Driving Forces, Uncertainties, and Four Scenarios for 2025, 2010, http://newsroom.cisco.com/dlls/2010/ekits/Evolving_Internet_GBN_Cisco_2010_Aug_rev2.pdf.

2 모바일, 클라우드, 디지털 도구들로 연결된 세계

1. http://www.mckinsey.com/features/sizing_the_internet_economy.
2. BCG Report, The Connected World, The Internet Economy in the G-20: The $4.2 Trillion Growth Opportunity. The Boston Consulting Group. March 2012. http://www.bcg.com/documents/file100409.pdf.
3. http://www.corp.att.com/attlabs/reputation/timeline/46mobile.html.
4. June 2006 issue of *Wired*. http://archive.wired.com/wired/archive/14.06/crowds.html.
5. Cisco Visual Networking Index: Global Mobile Data Traffic Forecast Update, 2013-2018. http://www.cisco.com/c/en/us/solutions/collateral/service-provider/visual-networking-index-vni/white_paper_c11-520862.html.
6. http://www.siemens.com/press/pool/de/feature/2014/corporate/heuring-factsheet-en.pdf.

3 산업인터넷의 등장

1. http://www.mckinsey.com/industries/high-tech/our-insights/the-internet-of-things
2. Wipro. *Big Data. Catalyzing Performance in Manufacturing*. 2011. http://www.wipro.com/documents/Big%20Data.pdf.
3. McKinsey and Company, McKinsey Global Institute, *Big Data: The Next Frontier for Innovation, Competition and Productivity*. June 2011. http://www.mckinsey.com/insights/business_technology/big_data_the_next_frontier_for_innovation.
4. McKinsey and Company, *McKinsey Quarterly*, the Internet of Things. March 2010. http://www.mckinsey.com/industries/high-tech/our-insights/the-internet-of-things
5. American Security Project. *The US and Its UAVs: A Cost-Benefit Analysis*, July 24, 2102. https://www.americansecurityproject.org/the-us-and-its-uavs-a-cost-benefit-analysis/.

4 똑똑해지는 소비자 디바이스

1. Organization for Economic Co-operation and Development.
   http://www.oecd-ilibrary.org/docserver/download/5k9gsh2gp043.pdf?expires=1403305175&
   id=id&accname=guest&checksum=EBFBAB32465D093454D55C4FB4288A20.
2. NPD Group. March 31, 2014.
   https://www.npd.com/wps/portal/npd/us/news/press-releases/mobile-devices-help-boost-h
   ome-automation-usage-and-awareness-according-to-the-npd-group/.
3. The Smart Thermostat: Using Occupancy Sensors to Save Energy in Homes.
   http://www.cs.virginia.edu/~whitehouse/research/buildingEnergy/sensys10thermostat.pdf.
4. *Cars Online 2014*, Capgemini Consulting.
   http://www.capgemini.com/cars-online-2014#report.
5. Forrester Research, *U.S. Cross-Channel Retail Forecast, 2012-2017*, October 29, 2013.
   http://www.forrester.com/US+CrossChannel+Retail+Forecast+2012+To+2017/fulltext/-/E-RES105461.
6. Intel Newsroom, Intel Labs Looks Inside the Future, June 25, 2013.
   http://newsroom.intel.com/communitylintel_newsroom/blog/2013106/25/intel-labs-looks-in
   side-the-future.

5 사물인터넷 활용하기

1. http://bits.blogs.nytimes.com/2014/03/27/consorti um-wants-standards-for-internet-of-things/?_
   php=true&_type=blogs&_r=O.
2. *RFID Journal*, May 5, 2014.
   http://www.rfidjournal.com/articles/view?11752/.
3. *Science Daily*, New Lab-on-a-Chip Device Overcomes Miniaturization Problems. April 30 , 2014.
   http://www.sciencedaily.com/releasesI2014/04/140430083143.htm.
4. *Journal of Chromatography B*, Volatile biomarkers from human melanoma cells
   http://www.sciencedirect.com/science/article/pii/S1570023213002730.
5. The University of Texas at Austin, Taste Chip Technology Description.
   http://research.cs.tamu.edu/prism/publications/ET_Broch.pdf.
6. Context Aware Computing for the Internet of Things: A Survey. *IEEE Communications
   Surveys and Tutorial (COMST)*, 2013.
   http://users.cecs.anu.edu.au/~charith/files/papers/J001.pdf.

6 연결된 세계의 현실과 그 파급효과

1. The Internet of Things Will Thrive by 2025. May 14, 2014.
   http://www.pewinternet.org/2014/05/14/internet-of-things/.
2. http://www.theatlantic.com/magazine/archive/2008/07/is-google-making-us-stupid/306868/.
3. Welcome to the Future Cloud—2025 in 100 Predictions.
4. The Gurus Speak | Pew Research Center's Internet & American Life Project:
   http://www.pewinternet.org/2014/05/14/the-gurus-speak-2/.
5. AP Impact: Recession, Tech Kill Middle-Class Jobs.
   http://bigstory.ap.org/article/ap-impact-recession-tech-kill-middle-class-jobs.

6. How Teens Do Research in the Digital World | Pew Research Center's Internet&American Life Project:
   http://www.pewinternet.org/2012/11101/how-teens-do-research-in-the-digital-world/.
7. UCLA Newsroom. Is Technology Producing a Decline in Critical Thinking and Analysis? January 27,2009.
   http://newsroom.ucla.edu/releaseslistechnology-producing-a-decline-79127.
8. http://www.safeny.ny.govlbellevuestudy2013.pdf.
9. ISACA2013ITRisk/RewardBarometer.
   http://www.isaca.org/About-ISACA/Press-room/News-Releases/2013/Pages/ISACA-Survey-As-Internet-of-Things-Grows-Only-1-percent-of-Americans-Most-Trust-App-Makers-With-Personal-Data.aspx.
10. Big Data: Seizing Opportunities, Preserving Values. Executive Office of the President, May 2014.
    http://www.whitehouse.gov/sites/default/files/docs/big_data_privacy_report_may_1_2014.pdf.
11. How Companies Learn Your Secrets, *New York Times Magazine*, February 16, 2012.
    http://www.nytimes.com/2012/02/19/magazine/shopping-habits.html?pagewanted=1&_r=:2&hp&.
12. FAA, Unmanned Aircraft Systems, FAA Aerospace Forecast Fiscal Years 2012-2032.
    http://www.faa.gov/about/office_org/headquarters_offices/apl/aviation_forecasts/aerospace_forecasts/2012-2032/media/Unmanned%20Aircraft%20Systems.pdf.
13. Robobees, Harvard University.
    http;//robobees.seas.harvard.edu.
14. BAE Systems website.
    http://www.baesystems.com/magazine/BAES026742/now-and-into-the-future.
15. Marc Goodman, A Vision of Crime in the Future.
    https://www.youtube.com/watch?v=-E97Kgi0sR4#t=53.

7 네트워크로 연결된 세상의 도래

1. Department of Transportation, Federal Aviation Administration. Interpretation of the Special Rule for Model Aircraft. Docket No. FAA-2014-0396
   http://www.faa.gov/aboutlinitiatives/uas/medialmodel_aircraft_spec_rule.pdf.
2. McKinsey and Company, Insights and Publications, Disruptive technologies: Advances that will transform life, business, and the global economy May 2013.
   http://www.mckinsey.com/insights/business_technology/disruptive_technologies.
3. "Google's Eye in the Sky," by Will Oremus, *Slate*, June 13, 2014.
   http://www.slate.com/articles/technology/technology12014/06/google_skybox_titan_aerospace_acquisitions_why_it_needs_satellites_and_drones.html.
4. Pew Research Internet Project, Digital Life in 2025.
   http://www.pewinternet.org/2014/03/11/digital-life-in-2025/.

더 읽을거리

Abbate, Janet. 2000. *Inventing the Internet*. MIT press.

Armstrong, Stuart. 2014. *Smarter Than Us: The Rise of Machine Intelligence*. Machine Intelligence Research Institute.

Bardini, Thierry. 2000. *Bootstrapping: Douglas Engelbart, Coevolution, and the Origins of Personal Computing*. Stanford University Press.

Bauerlein, Mark. 2011. *The Digital Divide: Arguments for against Facebook, Google, Texting, and the Age of Social Networking*. Tarcher.

Berners-Lee, Tim. 2000. *Weaving the Web: The Original Design and Ultimate Destiny of the World Wide Web*. HarperBusiness.

Beyer, Kurt. 2009. *Grace Hopper and the Invention of the Information Age*. MIT press.

Bostom, Nick. 2014. *Superintelligence: Paths, Dangers, Strategies*. Oxford University Press.

Brynjolfsson, Erik and Andrew McAfee. 2011. *Race against the Machine: How the Digital Revolution Is Accelerating Innovation, Driving Productivity, and Irreversibly Transforming Employment and the Economy*. Digital Frontier Press.

_____. 2014. *The Second Machine Age: Work, Progress and Prosperity in a Time of Brilliant Technologies*. Norton.

Carr, Nicholas. *The Big Switch: Rewiring the World, from Edison to Google*. W. Norton, 2013.

_____. 2011. *The Shallows: What the Internet Is Doing to Our Brains*. Norton.

Hong, Sungook. 2010. Wireless: From Marconi's Black-Box to the Audion. MIT Press.

Johnson, Deborah G. and Jameson M. Wetmore. 2008. *Technology and Society: Building Our Sociotechnical Future*. MIT Press.

Kamal, Devi. 2012. *Mobile Computing(Second Edition)*. Oxford University Press.

Karvinen, Tero, Kimmo Karvinen and Ville Valtokari. 2014. *Make: Sensors: A Hands-on primer for Monitoring the Real World with Arduino and Raspberry Pi*. Maker Media.

Kavis, Michael J. 2014. *Architecting the Cloud: Design Decisions for Cloud Computing Service Models*. Wiley.

Kurzweil, Ray. 2005. *The Singular Is Near*. Viking.

McEwen, adrian, and Hakim Cassimally. 2013. *Designing the Internet of Things*. Wiley.

Newman, Mark. 2010. *Networks, an Introduction*. Oxford University Press.

Norman, Donald A. 2007. The Design of Future Things. Basic Books.

Pew Research Internet Project. 2014. "The Internet of Things Will Thrive by 2025." http://www.pewinternet.org/files/2014/05/PIP_Internet-of-things_0514142.pdf

Reich, Pauline C. and Eduardo Gelbstein. 2012. *Law, Policy and Technology: Cyberterrorism, Information Warfare and Internet Immobilization*. IGI Global.

Rifkin, Jeremy. 2014. *The Zero Marginal Cost Society: The Internet of Things, the Collaborative Commons, and the Eclipse of Capitalism*. Macmillan.

Turkle, Sherry. 2011. *Alone Together: Why We Expect More from Technology and Less from Each Other*. Basic Books.

용어 해설

3D 프린팅(3D printing)
3D 프린터는 컴퓨터 소프트웨어를 이용해 물리적 사물을 제조하는 기기다. 3D 프린팅에서는 3차원의 기능적 객체를 생산하기 위해 흔히 컴퓨터 지원 디자인(CAD) 소프트웨어에 의존한다.

개인 무선 네트워크(Personal area network, PAN)
약 10미터의 한정된 지역에서 1인 이용자가 사용하는 다수의 디바이스를 상호 연결하는 네트워크.

개인용 디지털 보조 기기(Personal digital assistant, PDA)
휴대용 컴퓨팅 디바이스로서 이용자가 텍스트, 도형을 입력할 수 있으며 카메라, 바코드 리더기를 통해 다른 유형의 데이터도 입력할 수 있다. 과거에는 팜(Palm)이 제작한 기기도 PDA로 포함되었으나 스마트폰이 널리 보급되자 팜의 PDA는 쓸모없는 퇴물이 되었다.

근거리 통신망(Local area network, LAN)
컴퓨터 및 주변장치(스캐너, 프린터) 같은 커넥티드 디바이스의 그룹이 공통된 프로토콜(common protocol)을 이용해 실시간으로 케이블 또는 무선 시스템을 거쳐 커뮤니케이션하게 해주는 네트워크.

근거리 무선통신(Near-field communication, NFC)
객체와 다수의 컴퓨팅 디바이스가 데이터를 교환하는 무선 커뮤니케이션 기술. 데이터 교환의 과정에서 인간의 개입은 극히 적거나 불필요하다.

글로벌 지리 정보 시스템 (Global positioning system, GPS)
위성을 이용해 지표면에 있는 객체들(자동차, 스마트폰, 컴퓨팅 디바이스)의 정확한 장소를 파악하는 시스템.

기계-기계 커뮤니케이션(Machine-to-machine communication, M2M)
컴퓨팅 디바이스와 다른 기계들이 소프트웨어를 이용해 인간의 개입 없이 정보를 교환하고 작업을 수행할 수 있는 역량.

나노 기술(Nanotechnology)

원자, 분자, 초분자 수준의 공정을 관리하고 처리하기 위한 시스템들.

로보틱스(Robotics)

컴퓨터 사이언스 및 공학의 한 분야로서 고도의 정확성을 요구하는 작업에 사용되는 기계의 개발과 관련되어 있다. 로봇의 작동과 주변 환경의 상호작용을 위해 인공지능의 활용이 증가하는 추세다.

만물인터넷(Internet of Everything, IoE)

사물인터넷 등을 포함한 커넥티드 시스템들을 모두 통칭하기 위해 시스코 시스템스가 만든 전문용어.

맥락적 인식(Contextual awareness)

주어진 상황이나 순간에 어떻게 작동해야 하는가를 결정하기 위해 기계나 기기가 환경적 요소들, 이용자 행태, 데이터를 인식할 수 있는 역량. 예컨대 스마트폰은 이용자가 위치한 특정한 상황의 소음이나 조명도에 적합하도록 마이크의 크기 또는 밝기 수준을 조절한다.

무인 비행체(Unmanned air vehicles, UAV)

공중을 나는 비행체로서 조종사가 탑승해서 작동하지 않고 일반적으로는 사람이 원격으로 조종한다. 무인 비행체는 드론(drone)을 의미하며 전투용으로도 쓰이지만 비즈니스 목적으로 많이 사용된다.

바이트(Byte)

컴퓨터 연산을 측정하기 위해 표준화된 단위. 바이트는 여덟 개의 바이너리 숫자(binary digits)로 구성되며 문자와 숫자를 모두 처리할 수 있다. 저장 시스템 단위에는 바이트, 킬로바이트(kilobyte), 메가바이트(megabyte), 기가바이트(gigabyte), 테라바이트(terabyte), 페타바이트(petabyte), 엑사바이트(exabyte) 등이 있다.

블루투스(Bluetooth)

10미터 정도의 근거리 무선 디지털 커뮤니케이션을 위한 개방형 표준. 블루투스 주파수 기술을 채용한 디바이스(태블릿, 무선 키보드)를 이용하면 디지털 오디오, 비디오, 텍스트, 신호 전송이 가능하다.

빅데이터(Big data)

발생한 사건들, 트렌드, 활동들을 심도 깊고 유용한 방식으로 이해하는 분석기술(analytics)의 대상이 되는 대규모의 광범위한 데이터 세트.

사이버 보안(Cybersecurity)

온라인 시스템 및 커넥티드 디바이스(connected device) 등 디지털 기기와 관련된 보안을 의미. 사이버 보안의 대상에는 물리적 도구들, 하드웨어, 소프트웨어 시스템이 포함된다.

산업인터넷(Industrial Internet)

제너럴 일렉트릭(GE)이 만든 전문용어. 산업인터넷은 인간-기계 사이의 커뮤니케이션을 유도하기 위해서 연결된 기계들, 소프트웨어, 데이터, 분석 기술, 무선 통신기술을 이용한다.

센서(Sensor)

주변 환경의 변화와 변수를 감지하기 위한 기기. 스마트폰이나 다른 컴퓨터와 커뮤니케이션하기 위한 기능들이 센서에 더 많이 추가되고 있다.

스마트폰(Smartphone)

정교한 센서와 다양한 디지털 컴퓨팅 역량을 통합한 모바일 폰. 카메라, 글로벌 지리 정보 시스템(GPS), 전자적 데이터의 교환 같은 기능을 갖추고 있다.

실시간 위치 추적 시스템(Real-time location systems, RTLS)

주파수(radio-frequency) 태그를 이용해서 계속적으로 객체를 추적할 수 있게 해주는 시스템. 반면 주파수 확인 장치(RFID) 태그는 객체가 리더기가 설치된 특정한 지점을 지나칠 때에만 감지할 수 있다.

아르파넷(ARPAnet)

패킷 전환 네트워크(packet-switching network)의 초기 형태로서 현대 인터넷의 기반으로 기능했다. 아르파넷은 미국 고등연구계획국(ARPA)의 자금을 지원받아서 처음 시작되었다. ARPA는 오늘날 미국 방위고등연구계획국(DARPA)의 전신이다.

알고리즘(Algorithm)

한정적인 단계 세트 내에서 특정한 작동이나 작업을 수행하도록 설계된 일련의 고도화된 명령 또는 구체적 절차.

암호화(Encryption)

민감한 데이터 또는 정보를 뒤섞어(scrambling) 발신자나 의도된 수신자가 아니면 그 누구도 읽을 수 없도록 만드는 과정. 암호화 소프트웨어는 일련의 수학적 공식을 사용해 텍스트나 다른 데이터를 암호화 및 복호화한다.

커넥티드 디바이스(Connected devices)

인터넷 등 네트워크를 통해 서로 연결되어 작동하는 산업용·개인용 디바이스.

웨어러블 컴퓨팅(Wearable computing)

안경, 고글, 의류, 손목용 밴드, 시계, 신발, 기타 아이템 등 착용할 수 있는 컴퓨팅 디바이스. 센서가 내장되어 있고 스마트폰이나 다른 컴퓨터와 데이터를 교환하기 위한 커뮤니케이션 시스템을 갖추고 있다.

응용프로그램 인터페이스(Application programming interface, API)

동일한 환경에서 작동되는 프로그램들 간의 상호호환성을 구축하기 위해 개발자들이 사용하는 소프트웨어 프로그램을 의미한다. 프로토콜, 도구, 기타 자원을 통합적으로 결합한다.

이더넷(Ethernet)

컴퓨터 네트워킹 프로토콜의 그룹. 이더넷은 데이터가 케이블을 거쳐 근거리 통신망(LAN)에 도달하도록 해준다.

인간-기계 커뮤니케이션(Human-to-machine communication, H2M)

인간과 컴퓨팅 디바이스 간의 상호작용을 의미하며 키보드, 마우스, 터치스크린, 음성 조정 장치의 이용이 전형적이다.

인공지능(Artificial intelligence)

연산을 수행하고 결정을 내리는 역량을 향상하기 위해 고도로 복잡한 규칙에 근거한 구조 및 알고리즘을 이용하는 소프트웨어. 인공지능의 연산과 판단 역량은 인간 능력에 근접하거나 그것을 초과한다.

인터넷(Internet)

컴퓨터 및 다른 디바이스를 공용 네트워크를 통해(common network) 서로 연결하기 위해 사용되는 인프라스트럭처. 오늘날 인터넷은 TCP/IP 프로토콜 및 도메인 네임 시스템(DNS)을 이용하는 글로벌 네트워크이다. 도메인 네임 시스템은 각 기기에 특정한 주소를 부여한다.

인터넷 프로토콜(Internet Protocol, IP)

인터넷 작동을 위한 네트워킹 표준으로 여겨지는 커뮤니케이션 프로토콜. 컴퓨터들은 인터넷 프로토콜을 통해서 패킷을 교환하고, 경로를 찾고(routing), 위치를 확인하는(addressing) 등의 다양한 기능들을 수행한다.

자율주행차(Autonomous vehicles)

컴퓨터로 조종되는 차량으로서 센서, 컴퓨터, 그리고 다른 기술을 활용한다. 무인 자율자동차는 로봇이 스스로 운행하는 자동차로서 운행에 있어서 인간의 조력을 필요로 하지 않는다.

전파 식별 장치 (Radio-frequency identification, RFID)

작동에 전력이 불필요한 수동적 태그 또는 전력이 필요한 능동적 태그, 그리고 리더기를 이용하는 무선기술. 객체 및 객체의 상황과 위치를 컴퓨터에게 알려주는 데이터 발신을 식별하기 위해 안테나를 장착하고 있다. 전파 식별 장치(RFID) 태그는 단일 정보에서부터 복잡한 명령까지 다양한 데이터를 운반할 수 있다.

증강현실(Augmented reality)

스마트폰, 스마트 글라스, 또는 다른 기기로 보여지는 이미지 위에 텍스트 또는 화상을 겹쳐서 보여주는 것과 같은 방식으로 현실을 증폭하는 기술.

지리적 위치(Geolocation)

특정한 객체가 위치한 장소를 확인하기 위해 이용하는 특정한 위도와 경도. 지리적 위치를 파악하기 위해 위성, 핸드폰 통신 기술, 와이파이(Wi-Fi), 그리고 구체적·일반적 정보를 제공하는 시스템이 사용된다.

클라우드 컴퓨팅(Cloud computing)

원격 서버, 저장용 기기, 연산용 장치를 이용해 서비스로서 소프트웨어(Software-as-a-Service) 및 서비스로서의 인프라(Infrastructure-as-a-Service)를 제공한다.

태블릿 컴퓨터(Tablet computer)

멀티미디어 컴퓨팅 디바이스로서 애플의 아이패드(Apple iPad)가 대표적이다. 액정 디지털(LCD) 터치스크린으로 정보를 보여주며, 무선이나 핸드폰 네트워크를 통한 인터넷 연결이 가능하다.

텔레메트리(Telemetry)

기계가 다른 기계와 커뮤니케이션(M2M)하고, 다른 컴퓨터 및 다른 시스템들 사이에서 데이터를 교환하기 위한 역량을 의미하며 진전된 통신 기술의 특징이다.

지은이 ∣ 새뮤얼 그린가드(Samuel Greengard)

저널리스트로서 비즈니스와 기술 분야에서 2000여 건의 기사와 보고서를 집필했다. 머지않은 미래에 디바이스, 사물들, 사람들을 연결하게 될 사물인터넷이 지닌 놀라운 잠재성에 지대한 관심을 가지고 있다.

옮긴이 ∣ 최은창

프리인터넷 프로젝트(Free Internet Project) 펠로이며, 예일대학교 로스쿨 정보사회 프로젝트 펠로로 연구했다. 서울대학교 법과대학 박사과정을 수료하고 옥스퍼드대학교 비교미디어법 정책프로그램(PCMLP)에 방문학자로 활동했으며, 예일대학교 로스쿨(LL.M)을 졸업했다. *Yale Journal of Law & Technology*와 *Yale Journal of Regulation*의 편집자로 참여했고, 예일-MIT-하버드 사이버스칼라 워킹그룹의 코디네이터로 일했다. 요하이 벤클러(Yochai Benkler)의 저서 『네트워크의 부: 사회적 생산은 시장과 자유를 어떻게 바꾸는가』(2015)를 번역했고 『레이어 모델』(2015)을 저술했다.

MIT 지식 스펙트럼

사물인터넷이 바꾸는 세상

지은이 **새뮤얼 그린가드** ∣ 옮긴이 **최은창** ∣ 펴낸이 **김종수** ∣ 펴낸곳 **한울엠플러스(주)** ∣ 편집책임 **김경희**
편집 **하명성·반기훈**

초판 1쇄 인쇄 **2017년 1월 10일** ∣ 초판 1쇄 발행 **2017년 1월 20일**

주소 **10881 경기도 파주시 광인사길 153 한울시소빌딩 3층**
전화 **031-955-0655** ∣ 팩스 **031-955-0656**
홈페이지 **www.hanulmplus.kr** ∣ 등록번호 **제406-2015-000143호**
Printed in Korea.
ISBN 양장: 978-89-460-6271-9 03320
　　　 반양장: 978-89-460-6272-6 03320
* 책값은 겉표지에 표시되어 있습니다.